不機嫌は罪である

齋藤 孝

角川新書

はじめに

「克己復礼」という四字熟語があります。孔子《こうし》の『論語』にある言葉で、理性と意思の力で、欲望に流されず人間として守るべき礼に従って行動するという意味です。

孔子に始まる儒教では「五常」（仁、義、礼、智、信）と呼ばれる五つの徳目を提唱していますが、なかでも大切にされてきたものが「礼」、つまり人間関係を円滑にし、物事をスムーズに進めるための知恵です。儒教文化圏である日本では、公の場で自らの気持ちを露《あら》わにする、とりわけ自制することなく負の感情を出すことは、古くから人への思いやりの足らない、恥ずべき行動だと思われてきました。

ところがどうでしょうか。現代の日本では、あらゆる場面で不機嫌を露わにする人が後を絶ちません。

職場で。

電車で。

レストランで。

そしてＳＮＳで。

無数の不機嫌が蔓延《まんえん》し、社会の空気を淀《よど》ませ、全体のパフォーマンスを低下させています。

考えてみてください。不機嫌を表に出して、物事がうまくいくケースがあるでしょうか？

自身が不機嫌だとなかなか仕事に集中できずに生産性は下がります。

不機嫌な状態では建設的な話し合いは叶《かな》わず、それどころか相手の不機嫌も生み、泥沼にはまっていきます。

上司が不機嫌だとトラブルに関する報告に二の足を踏む可能性がありますし、ましてそうした上司とのコミュニケーションからイノベーションが生まれることなど、望むべくもありません。

それなのに、社会はどんどん不機嫌に覆われていく。教育者として、コミュニケーション論を語るものとして、私はこの事態をひどく憂いています。

インターネットの発展によって、ツイッターやフェイスブックなどのＳＮＳが普及したのも、社会の不機嫌を増大させている要因の一つであるように思います。個人が自身の言論や情報を即時に世界中に発信できるツールであるSNSは、素晴らしい発明である一方で、同時に個人の不機嫌を広く世の中に発散してしまうツールにもなりました。

私たちは、人類の歴史のなかでもっとも自身の不機嫌を人前にさらしてしまう危険と背中合わせの時代を生きているともいえるでしょう。

特段日本が諸外国に比べて不機嫌率が高いということはおそらくなく、過去の日本と比べても、マナーは向上しているように思います。

しかし、その分だけ不機嫌が目立つようになりました。昭和のことならザラにいた不機嫌な人が、今の洗練された社会では際立ってしまいます。かつては「しかたない」と許容されていた不機嫌が、今では「罪」といえるほどに許されなくなってきています。

もはや不機嫌は、世間にとっても、そしてあなた自身の人生にとっても、「罪」なのです。

ここまで読んで、「どうしよう」と思った方、ご安心ください。実は不機嫌は「ワザ」でコントロールできるのです。本書では不機嫌の危険性とともに、不機嫌を出さない技術、不機嫌をふせぐメソッドについてもお伝えしていきます。

第1章では、そもそも「不機嫌」とはどういった状態なのか、また昔に比べなぜ不機嫌の罪が重くなってきたのかなどといった根本的な部分をお話しします。

第2章では、現代人の不機嫌を促進・拡散させているインターネットのリスクを、具体例を交えながら論じます。

第3章、第4章では、不機嫌を克服し、「からだ」「こころ」の両面で上機嫌を実現するノウハウをお伝えします。不機嫌に効く映画、小説などもご紹介しています。

そして第5章では不機嫌が周囲に与える影響に着目し、コミュニケーションと機嫌の関係を掘り下げていきます。

フランスの哲学者アランは、名高い著書『幸福論』において次の言葉を残しています。

「もしかして道徳論を書かねばならないとすれば、私はあまたの義務の第一位に上機嫌を持ってくるだろう」　　（角川ソフィア文庫・石川湧訳）

「不機嫌と言うものは、結果であると同程度に原因である、と私は言いたい。われわれの病気の大部分は、礼儀を忘れた結果であるとさえ考えたい」　　（同）

不機嫌を克服した際のアドバンテージははかりしれません。

本書を通じ、大人の嗜《たしな》みとしての上機嫌の作法を身につけてくだされば と願っています。

目次

第3章　からだをひらけば不機嫌は解消する　93

第4章　上機嫌を保つこころの習慣　135

おわりに

第1章　もはや不機嫌は許されない

現代人は24時間不機嫌に蝕まれている

呼吸法、語彙《ごい》力、文脈力、やる気、読書術……。

私はこれまでの著書で、みなさんにさまざまな「武器」をお伝えしてきました。これらはすべて、魅力的なビジネスパーソンや教養豊かな大人になるために必要不可欠なものだと思っています。

一方で、そうした武器を身につけている方でも見落としがちな重要なファクターがあります。

それが機嫌です。

あなたは日々の生活のなかで、次のような人を見かけたことがないでしょうか。

朝の通勤ラッシュ時、満員電車で少し肩を押されただけで舌打ちをしている人。

ご近所同士で挨拶《あいさつ》しようとすると、スタスタと歩いていってしまう人。

スーパーマーケットで小さな子どもが泣き出しただけで、眉《まゆ》をひそめる人。

飲食店のスタッフが少し雑談をしているだけで、クレームをつける人。

電車がちょっとでも遅延すると、駅員に詰め寄って怒鳴る人。

ベビーカーを見かけると、「邪魔」という感情を隠さない人。

朝出社したときに、同僚に挨拶もせず、仏頂面でデスクに向かう人。

会議で自分の提案がうまく通らなかったからといって、つっけんどんになる人。

部下が失敗したときに、周囲の目も気にせず、ヒステリックに怒鳴りつける人。

挙げていくときりがありませんね。どれも、おそらく心当たりのある光景ではないでしょうか。しかもこうした行動をとっている人には、地位も分別もありそうな方もかなりいらっしゃいます。

もしかしたら、あなた自身もこれらの行動をとってしまい、後悔したこともあるかもしれません。あるいは、自分がそうした行動をとっていることに気づかずに、周囲から「あの人って不機嫌だな」と敬遠されている可能性もあります。

機嫌とは、人の表情や態度に表れる快・不快の状態です。

つまり不機嫌とは、不快な気分を表情や態度に表しているさまをいう言葉です。

不機嫌にも「役割」はあります。というのも、感情は情報伝達のための速やかな手段でもあるからです。

たとえば喫茶店で、店員から不要なミルクを入れられそうになったときに「ちょっと！」と遮るのは、効果的な不機嫌といえるでしょう。取引先で交渉に不利になる情報を部下が明かしそうになったときに、「君！」とムッとした顔をするのも、方便としての不機嫌です。取り返しのつかない状況を未然に防ぐために、やむなく情報伝達としての不機嫌を活用することは、必ずしも悪いことではありません。

しかしここで言いたいのは、現代人の不機嫌の大半は、こうした情報伝達のためではないということです。

現代を生きる人の多くがかかえているのは、行き場のない「慢性的な不機嫌」です。情報伝達の差し迫った必要性があるわけでもなく、不快であることを伝えても事態は何も解決しないのに、無意味な不機嫌を世の中に撒《ま》き散らしている人があまりにも多い。

電車の中で舌打ちしたからといって、満員電車が解消されるでしょうか？

インターネットで書き散らした罵倒《ばとう》が、社会を良くしたことがあったでしょうか？

誰も「舌打ちや罵倒をしたら事態が良くなる」と思っているわけではないのに、表に不機嫌が滲《にじ》み出てしまっている。現代人は四六時中誰かの不機嫌な言動にさらされ、ちょっとずつ精神を消耗していきます。そして自らも、知らず知らずのうちに不機嫌に侵食されてしまっているのです。

慢性的な不機嫌に陥っているおじさんたち

私は学生を教えるほかに、さまざまな場所で社会人向けの講演やセミナーを行うなかで、「ああ、この人は不機嫌に見えるな」と思う人にたびたび出会います。

仏頂面で、威張った口調で、習おうとしていることについてはほとんど知らないはずなのに、「俺は会社でえらい」という雰囲気をあからさまに出してしまう人。周りの人が「あの人が発言すると嫌だな……」という顔になっているのが、場を仕切っている側には伝わってきます。

心身に不機嫌が深く根をおろしてしまい、知らず知らずに周囲から距離を置かれてしまっている。とりわけ中高年の男性に顕著です。

中高年女性500人相手と、中高年男性500人相手にそれぞれ講演を行う機会がありました。同じ年齢層や人数でも、場の雰囲気はまったく違ってきます。

前者の講演では、会場の空気はやわらかく、すぐに笑いが起こるので、演者としても楽しく話ができます。それに対して男性だけの講演では、会場の空気は固まっていて、反応があまりありません。なんだかムッとして見え、「どれほどのものか」といった値踏み意識が感じられる場合も少なくありません。

ただ、実際講演が終わって感想を聞いてみると、男性一人ひとりからは「すごく興味深い話でした」「こう思いました」という反応が返ってきます。私に対しても話の内容に対しても、ネガティブな感情があるわけではありません。特段不機嫌というわけではないのに、不機嫌に見えてしまうのです。いわば「加齢臭」ならぬ「不機嫌臭」が発生している状態です。

この「不機嫌臭」は、歳をとってからだが硬くなり、全体的な柔軟さが失われることで発生する面があります。表情が硬くて声に張りがない人がいたら、ちょっと敬遠したくなりますよね。人間誰しも「老化」という宿命を避けることはできません。40歳を越えたあたりから、自分ではそれまでと同じにしているつもりなのに「なんだか不機嫌に見える」という現象は自然とついてまわるのです。

年齢とともにからだが硬くなる傾向は女性にも当てはまりますが、彼女たちは自分の「気遣い」「機嫌」に対して自覚的な場合が多い印象を持っています。社会的に見て、女性のほうが愛想の良さを求められる機会が多かったからでしょう。男性も、彼女たちにならって自分の見られ方を意識すべきだと考えています。

中年から老年にかけての男性の不機嫌の問題をいち早く取り上げたのが、シェイクスピアの『リア王』でした。リア王は、愛情深い末娘が自分におべっかを使わないことに激昂《げきこう》して彼女を追放し、甘言を弄《ろう》する上の娘たちをかわいがった結果、身を破滅させて荒野をさまようことになります。老人の不機嫌が招く悲劇をこれ以上なく描いた作品です。

さすがにこの本をお読みの方の中に国王はいないでしょうが、身につまされる教訓が詰まった作品です。プチ「リア王」にならないためにも、まずは自分の不機嫌に自覚的になってみてください。

相手をバカにしたほうがえらいという風潮

厳しいことを書きましたが、この本は「不機嫌なおじさん」を批判して終わりということではありません。性別や年齢にかかわらず上機嫌に見える方はたくさんいます。

なぜなのか？

それは彼らが、自分の機嫌をコントロールし、周囲に上機嫌に見せるためのワザを身につけているからです。そしてワザを学ぶのに歳をとったから遅いということはありません。

ですので今「自分も不機嫌かも」と不安になった方にこそ、読み進めていただければと思います。「40歳を過ぎたら、普通にしていても不機嫌そうに見える。上機嫌くらいでちょうどいい」と自覚するだけでも変化が起きます。

「いつも上機嫌」と聞いたとき、あなたはどんな印象を抱くでしょうか？　お調子者で何も考えていない不用意な人なのではないかと考える人も多いかと思います。

逆に「いつも不機嫌」というと、しかつめらしい顔をして難しいことを考えている、つまり「頭がいい人」と考えるのではないでしょうか。

知的な人間はやたらとニコニコと愛想よくふるまわない、作家や学者というのは根暗で不機嫌なものだという風潮が根強く存在しています。もしかしたら、「不機嫌臭」を醸し出している中高年男性が多いのにも、無意識に「不機嫌＝頭がよくて威厳がある」と思っていることが影響しているかもしれません。

まず正しておきたい誤解が、知性と機嫌は決して結びついてはいないということです。上機嫌と頭がいい状態は両立します。

機嫌というのは、理性や知性とは相反する分野のように思われがちですが、気分をコントロールすることは立派な知的能力の一つです。仏頂面をしている人、他人に辛辣《しんらつ》なことを言う人のほうが、よく物を考えているように思えるかもしれません。ところが実際は、前向きに生産性のあることを考えている人の頭やからだは柔軟に動いています。表情もやわらかですし、ポジティブな空気を発するものなのです。

不機嫌がクセになると、頭も身体も動きにくくなります。運動不足と同じで、こころの運動能力が下がってしまうんですね。

気分をコントロールすることはこころの運動能力を維持し、仕事や人間関係のパフォーマンスを上げる知的技術です。

上機嫌への一歩として、まずは「上機嫌＝バカ」「不機嫌＝知的」という構図を捨てること。一緒に知的で上機嫌になるわざを身につけましょう。

不機嫌にサヨナラするための3ステップ

不機嫌の社会的なデメリットや上機嫌の必要性について簡単にご説明してきました。

1～2章では不機嫌と社会の関係を解きほぐしていきますが、到達点がわかりやすくなるよう、まず不機嫌にサヨナラするための3段階のステップをご紹介したいと思います。

それは、次のようなステップです。

■ステップ①自分の「不機嫌の芽」を知る
■ステップ②からだを上機嫌モードにする
■ステップ③こころを取り戻すわざを身につける

詳しく見ていきましょう。

■ステップ①自分の「不機嫌の芽」を知る

これまでお伝えしてきたように、現代には慢性的な不機嫌がはびこっています。慢性的に不機嫌であることの一番の弊害が、自分が不機嫌であるかどうかがそもそもわからなくなるということ。つねに調子の良くない状態が続いているために、自分にとってポジティブな心身がどういうものだったかわからなくなっているのです。

不機嫌から上機嫌にいたるには、まず自分の不機嫌の芽が出てきたなという瞬間をとらえ、それを芽の時点で摘むよう努めるというステップが必要になります。

これはまさに、自己を客観視する訓練です。

義務教育のなかで私たちは、「登場人物の気持ちを考えなさい」「作者の気持ちを考えなさい」ということを繰り返し訓練させせられます。同級生と喧嘩《けんか》をしたり何かひどいことを言ってしまったときには、「相手の気持ちを考えなさい」と怒られたりもしたでしょう。

しかし、私からしてみれば、まずはもっと「自分の気持ちを考える」ことを学ぶべきなのです。自分の気持ちがわからないままで、どうして他人の気持ちを思いやれるでしょうか。自分について深く知り、細かい状態をモニタリングできて初めて、落ち着いて客観的に行動することができ、相手の気持ちを思いやることができるようになります。

自分自身のパターンを把握しておくと、次に「不機嫌の芽」が出てきたときに「ああ、これはちょっと不機嫌がきているな」と冷静に感じることができるようになります。

そして、とりあえずその場から離れたり、不機嫌の芽が頭をもたげるきっかけになった人と距離を取ったり、いったんその問題から間をおいたり、という対応を行うことができます。時間的あるいは空間的な距離をちょっとでも取ることは、不機嫌の芽へのもっとも簡単な対処法なのです。

「不機嫌がきているな」と思ったら、トイレに行くだけでも、人は落ち着くものです。実際に用を足してもいいですし、手や顔を洗うだけでもかまいません。元の場所に戻るときには、「あ、自分の中の不機嫌の芽は摘まれたな」と実感できるはずです。

■ステップ②からだを上機嫌モードにする

「不機嫌の芽」が出てきた瞬間に気づけるようになり、その場ではやり過ごせるようになったとしましょう。それでも慢性的に「不機嫌の芽が出やすい状態」が維持されているとなれば、まだまだ根本的な問題は解決できていません。「不機嫌の芽が出にくい状態」を維持するために、普段から心がける必要があります。

そのために重要なのが、からだの調子をととのえることです。

「不機嫌」というと、メンタルだけに関係する話に思うかもしれません。たしかに不機嫌は気分のあり方なのですが、不機嫌をなおそうというときに、こころだけに働きかけることは必ずしも効果的ではありません。こころが落ち込みきっているときに「しっかりしろ」と声をかけても、残念ながらほとんど聞こえないのです。

メンタルケアの王道はむしろ、からだを経由してからこころに働きかける手法です。

とりわけさまざまな形でからだを温めると、こころも自然とととのっていきます。温泉に入ると自然と心身ともにほぐれる、というのが代表例ですね。

この本でも、からだに働きかけるワザを多くご紹介していきます。

■ステップ③こころを取り戻すわざを身につける

からだを通してこころに働きかけるのがメンタルケアの王道だと話しましたが、からだの状態が上向いたときには、こころも大事になってきます。

元来、こころをコントロールする技術は、特別な人のものだとされていました。たとえば日本人になじみのある宗教である仏教では、こころをコントロールする技術を習得するために励む人たちが「僧」と呼ばれたわけです。

仏教における修行とは、執着を断って精神を平らかにする技術を身につけていく過程です。そのためには当然、機嫌の悪い状態というのは排除される対象となります。

「お金がほしい」

「美人になってちやほやされたい」

「あの子とつきあいたい」

「あいつより出世したい」

何かに執着していて、それが手に入っていないとき、人はどうなるでしょうか。

イライラしますよね。手が届かないならいっそ人から奪いたい、対象を破壊してしまいたいという衝動を抱き、それを実行してしまう人もいるでしょう。執着や欲望、すなわち「煩悩」は、不機嫌と密接に関係しています。だからこそ、気分の変動があったときに、すぐ平常心を取り戻すわざを身につける必要があるのです。

ちなみに、それらの煩悩すべてから解放されて自分自身を完全にコントロールできるようになった状態が、いわゆる「悟り」と呼ばれるものです。現在、仏教の精神やノウハウは、特定の人々だけのものではなく、よりひらかれた知識として、世界に広がっています。書店でよく見かけるようになった「マインドフルネス」もその一つです。

本書では、不機嫌をこころとからだの両方から追い払っていくべく、自分を上機嫌に保ちやすい「ものの考え方」もお伝えしていきます。

「職業としての上機嫌」を身につけよう

不機嫌にサヨナラするための3ステップ、腑《ふ》に落ちたでしょうか。ここで私がこの本で伝えたいメッセージを、一言で申し上げます。

現代では「職業としての上機嫌」が求められている

社会学者のマックス・ヴェーバーは「職業としての学問」「職業としての政治」という考え方を提示しました。「職業として」という言葉にはさまざまな意味が込められているのですが、ここでは「情熱、責任感、判断力をもってそれを行うよう求められるもの」という意味だととらえてください。

不機嫌を抑えて人に見せないというのも、本来は私たちの職務の一つです。職場に不潔な人がいたら、周りのみんなは厭《いや》な気分になるでしょう。同じように職場に不機嫌な人がいたら、それもやはり厭な気分になるでしょう。

不機嫌でいると、「感じ悪いな」と思われるだけでなく、「この人、人前でこんなに不機嫌さを出していて、社会人としておかしいんじゃないかな？」と警戒される可能性もあります。単に寝不足や空腹ゆえに不機嫌だったというときも、他人は斟酌《しんしゃく》してくれません。

私自身も若い頃はそれでずいぶん損をしたと思います。

以前、教え子のなかに「緊張すると態度が大きくなってしまう」という人がいました。私にとっては接しやすい学生に思えたのですが、インターンに行った先で嫌われてしまって苦労していました。緊張感や不安感のある人が引っ込み思案に見えてしまうのはまだいいのですが、それが他人にとっては傲慢《ごうまん》や不機嫌に感じられることが往々にしてあります。相手からどう見えるかがすべてですから、こうした人も気づかぬうちに不利益を被っていくのです。

本当に不機嫌というわけでなくとも、職務としては合格点をとれていない人は思いのほかたくさんいます。だからこそ私は誰もが上機嫌を保てるようになるべきだと考えているのです。

それこそが私が「職業としての上機嫌」という言葉に込めた思いです。

不機嫌はなぜ許されなくなったのか

現代日本では、不機嫌な個人が多大な損を被る傾向が強まっています。これには二つの大きな要因があります。

一つは、私たちの社会が「快適に暮らしたい」という快楽欲求をつねに追求しているから。

日本は現在、世界随一の良質なサービスを提供する国として知られています。人々はどんな店でも、物や労務だけにお金を払うのではなくサービスの良さを判断対象に入れるようになりました。それにあわせて物や労務を売る側もそれぞれのサービスに磨きをかけています。すると、スタッフの不機嫌も許されなくなってきます。

タクシーに乗ったときのことを思い出してください。20年前には「なんだ、その態度は！」と思うドライバーもいたのですが、現在は業種間の競争が激しくなったこともあってか、あからさまに不機嫌な人はほとんどいなくなりました。

多くの業者のタクシーには、座席にアンケートはがきが備えつけてあって、あまりに横柄な人については会社に対してフィードバックができるようになっています。私自身、かつてあまりに横柄な運転手に当たってまいってしまい、思わずはがきを手に取ろうとしたら、急に愛想が良くなったという経験があります。今の世の中ではアンケートはがきどころか、ＳＮＳやレビューサイトなどで簡単に苦情が言えますから、不機嫌の損失ははかりしれません。

丁寧なサービスというのは、今までホテルや百貨店などそれ相応の代金を払った場所で提供されるものでした。しかし一流ホテルの接客に近いものが、今ではコーヒー一杯２００円レベルのカフェチェーンのアルバイトにすら要求されるような状態になっています。店員の機嫌が悪いところはどんどん淘汰《とうた》されているのです。

数十年前は、店主が不機嫌なくらいで店の評価が決定的に悪くなるということはありませんでした。それどころか裏をいって不機嫌さを売り物にするラーメン店のようなものもありました。不機嫌パワーにより「威厳」を見せようということですね。それで実際にラーメンが美味しいならば威力はありますが、そうでもないとなれば悲惨です。評判は瞬時に口コミ情報サイトを通じて駆け巡り、客は寄らなくなります。

これはサービス業だけに限りません。今はどんな会社の社員であっても、取引先や部下に対する不機嫌が世間に伝達されてしまうということが現実に起こっています。本人に直接言わずSNSで言うことがありえる。むしろ、そうした例のほうが目立つようになっているようにも思います。

各個人が高度なサービスの快楽を求め合った結果、各人が働く側にまわったときにはその要求に対応しないといけなくなった。現代は、とかく不機嫌に厳しい時代なのです。

そしてもう一つ現代において重要なのが、とりわけ若い人たちが「傷つきやすくなった」ということです。核家族化が進んで大人からきつい言葉を言われることが少なくなったことがあるのか、誰かの不機嫌を感知するとすぐに萎縮《いしゅく》してしまうという人が増えているように感じています。

相手が不機嫌さに傷つく度合いが高くなっているぶん、不機嫌の罪が重くなってきているのです。

そうやって圧倒的な不機嫌パワーに支配されずに育った人が増えていること自体は健全なことです。しかし傷つきやすさには難点もあります。

たとえば上司としては、部下の間違いを止めるためについ情報伝達手段として不機嫌を利用するときもあるでしょう。けれども部下が必要以上に重く受け止めてしまうことが少なくないといいます。先ほど例に出したような取引先で交渉に不利になる情報を部下が明かしそうになったときに、「君！」とムッとした顔をするというような「方便」が、うまくいかないということです。

部下のミスを指摘するときに「それ全然ダメ！」と言ってしまえれば上司としてはラクなのですが、現在はそうはいきません。心を傷つけずに深く受け止めてもらえる可能性が低いのです。他人の不機嫌な対応に慣れていないから、「こんなこと家でも言われたことない」とつらくてしょうがなくなってしまう。こうしたことで新卒社員がすぐに会社を辞めてしまうといったケースもあると聞きます。

過剰にサービスを要求されるのも、必要以上に傷つかれるのも、それはそれで生きにくい社会といえなくもありませんが、今後そのような傾向が逆行するとは考えられません。むしろ自分にとって不機嫌がいかに損かということを理解し、上機嫌を目指すほうが、はるかに有益といえるでしょう。

叱るときこそユーモアを

若者の傷つきやすさの話に関連して、もう一つ強調しておきたいことがあります。それはこの10年で、言葉の負の破壊力が格段に増大したということです。

私も講演会や授業のたびに、言葉によって相手を傷つけることのないよう細心の注意を払っています。

たとえば学生の一人が発表のプリントを忘れてしまうということは時折あります。これまででしたら、教師はストレートにこう言っていました。

「なんで忘れたの？　先週ちゃんと言ったよね。プリントがないと進められないよ」

目に見えて不機嫌さを露《あら》わにしなくとも、「好ましくない」ということを強調して伝えていたわけです。「ダメ出し」もしくは「説教」です。

しかし今の時代、説教ほど危険なものはありません。相手は傷つくのみでこちらの真意は伝わらず、その後の関係性がギクシャクしてしまう、もっと悪いと保護者が出てきて周囲を巻き込む問題に発展する、こうしたことは今さまざまな教育現場で起こっています。

そんなに傷つきやすい相手に対して「指導」ができるのか？　と不安に思う方もいるでしょう。しかし不機嫌を使わずに、言いたいことを伝えることはいくらでもできます。

「了解しました。今日はプリントなしでこうやるけれども、次からはこうして来てくださいね」といったフラットな言い方ができれば、及第点。

もっと効力があるのが、ユーモアを交えてミスを正すことです。

プリントの例だと、私は学生に対して次のようなことを言いました。

「いや、まあ、授業におけるプリントっていうのは、水泳の時間における水着だからね。水着無しで平気な人はもちろんいるんだけども、周りが居たたまれないからさ」

シンプルなジョークですが、こうした言い回しをすることで教室全体が笑いに包まれやわらかな空気になります。忘れた人も素直に次から気を付けようと思えるようになります。

不機嫌を退けるうえで、ジョークは大きな味方です。ジョークを言えるということは、「自分は事態を客観的に把握し自己をコントロールできています」と相手に示すことにもつながります。

はっきりとわかる形で冗談を言えると、そのことで笑いが起きて、全体の空気が良くなります。教室において、教師は場を支配するリーダーです。たとえ指導のためであっても、教師が不機嫌になれば、空間全体の空気が淀《よど》み、その不機嫌の対象となっていない学生にまで、不機嫌パワーを及ぼしてしまいます。

今の時代は、スマートフォンを使って録音などが容易にできます。いっときの不機嫌は、SNSで言及されるだけでなく、動かぬ証拠として音声とともに見ず知らずの人に共有されることもあります。

感情が波立った怒りの状態や機嫌が悪い状態で吐き捨てた言葉は、あなたの社会的立場を奪いかねないということを自覚しましょう。

不機嫌で社会を回していた時代

そもそも説教で人を動かすような「不機嫌な職場」が生き残っているのには、それが成功体験として記憶されている、つまり、ある人の不機嫌を原動力に社会や共同体を駆動させていくということがうまくいっていた面があるためです。

たとえば「徒弟制」と「家父長制」は、不機嫌による権力構造が強く反映されています。

まずは徒弟制。伝統的な職人に限らず、昭和の日本の職場では「罵倒しながら後輩を育てる」という慣習が当然のように行われていました。

「お前はそんなだから、ダメなんだ」と、不機嫌さを前面に出して相手を否定し、「この不機嫌な俺を見たくないならちゃんとしろ」と要求する。

ただ、このとき師匠や兄弟子、先輩に当たる人たちは、必ずしも根っからの不機嫌なわけではありません。「上機嫌でいると弟子が気を遣わなくなる」という共通認識があって、あえて不機嫌さを演じている部分もあり、弟子や後輩は先回りして相手の要求を察知し、気を遣っていくことを身につけていきました。

家父長制も同じです。一家の代表であるお父さんはつねにムスッとして座しています。それに対して妻は「お父さんが一番風呂《ぶろ》を」とか「そこはお父さんの席だから」と言いながら子どもたちをたしなめ、家族が一体となって戸主の不機嫌に耐え、先回って気遣いをしていくようになる。これが家父長制を支えた価値観でした。

そうしたパワーバランスがあるほうが家庭はうまくいくと思われていたんですね。妻の側は姑《しゅうとめ》や舅《しゅうと》の不機嫌をも背負わねばならず、どんなに理不尽に思っていても、自分一人の個性では制度を覆せませんでした。

しかし現代においては諸外国の価値観が輸入され、女性の社会進出も進んでいます。徒弟制と家父長制は衰退し、状況は変わりました。平成という元号が終わろうとしている現在では、職場での不機嫌は「パワハラ」、家庭での不機嫌も「モラハラ」として、排除されるべき対象になっています。大相撲で起こった傷害事件も、私には旧来の不機嫌な徒弟制を引きずったがゆえの悲劇に感じられました。不機嫌の極致が暴力につながるのです。

職場に不機嫌な人がいれば全体のパフォーマンスが下がるということも組織心理学の見地から主張されています。コンプライアンスの基準も引き上がっています。夫の不機嫌に耐えていた妻たちが、「熟年離婚」をつきつける例も増えてきました。不機嫌パワーによってつくられた権力構造は、もはや限界を迎えているのです。

不機嫌には、もはや何の力もない。まずはこの事実を深く胸に刻みつけましょう。

職場を活性化させる「心理的安全性」

職場での話を掘り下げていきます。お互いにサービスを求め合い、傷つきやすさをケアし合う現代日本の風潮は、すでに日本の個々の仕事場にも浸透しています。

リクルートが2012年にアメリカとアジア8カ国（中国、韓国、インド、タイ、マレーシア、インドネシア、ベトナム）、各国で６００人を対象に行った調査があります。「仕事をするうえで大切だと思うもの」という問いに対して、日本を除く国では「高い賃金・充実した福利厚生」がトップとなりました。それに対して日本でだけトップの回答になっていた項目がありました。

それが、「良好な職場の人間関係」です。

では、職場の人間関係が良好でない、息苦しい職場というのはどういったところでしょうか。当てはまる職場は、大きく2種類に分かれます。

一つは、労働のシステムのせいでギスギスしている職場。要求される仕事量は多いのに人員は少なくてつねに残業を強いられている、あるいは毎月のノルマが厳しくてつねにお互いが競争しあっているなどといった性質の職場です。労働時間が長かったり締め切りが厳しかったりする環境では息苦しいのは当然で、離職率も高くなります。もっとも、これは個人個人の心がけではなく、システムを改善してどうにかすべき息苦しさです。

もう一つが、慢性的な不機嫌によって支配されている職場です。上司や社内メンバーの一人があまりにも慢性的不機嫌なので、なんだか空気が悪い。私が問題にしているのはこちらのほうです。

誰かが慢性的に不機嫌な職場が、良好な人間関係といえるでしょうか？　特に、上司が8割方不機嫌な職場だったら？

教室における教師が場のインフルエンサーであるように、職場における上司もまた場の雰囲気を左右する存在です。上司の不機嫌を部下のほうでなおすのはそう容易なことではなく、場全体が不機嫌なままに仕事が回っていくことになります。

「なんでこんなこともできないんだ」

「もういい、俺がやる」

上司がこんな物言いをする職場ですと、部下はたちまち萎縮します。不機嫌をこれ以上刺激しないように、報告・連絡・相談に尻込《しりご》みするようになり、思いついたアイデアも共有することなく、ストレスフルであるがゆえに集中力が落ちて、仕事の効率も下がっていく……こうした事例は後を絶ちません。このような職場でイノベーションは生まれにくいでしょう。

実際、2012年から米グーグルが生産性の高い職場を実現するための調査研究を行った結果、もっとも大事な要素が「心理的安全性」であると結論付けました。心理的安全性がある職場とは、先ほど紹介した例のような「否定されたり攻撃されたりする心配がない

職場」を指します。

家長や上司が不機嫌でいられた時代もありましたが、そんな時代は終わりました。現代は「給料はそれなりに多いけれど不機嫌な職場」より「給料は少し下がるけれど上機嫌な職場」が求められる時代なのです。部下がたびたび離職するのでは上司としての資質が疑われます。

人間が快適に生きるには「プラスの要素」がどれくらいかだけではなく「マイナスの要素」がどれだけ少ないかも大事です。不機嫌による膨大なストレスは、間違いなくマイナスの要素といえますから、多少の給料の多寡は度外視して上機嫌な職場を選んで当然です。そのため「ちょっと給料は落ちるけど、先輩たちが楽しく働いている」とか、「社員の情緒が安定しているよね」といったことが、職場選びの大きなポイントになっています。

上機嫌な職場は、離職率も低くなり、仕事の効率が上がるのです。

教師が不機嫌ではならないのと同じように、上司もこれからは不機嫌でいてはいけないのです。もはや、仕事中の自分自身から、ひいては職場のメンバー全員から、不機嫌を排除していくというのも、ビジネスパーソンに求められる能力といえるでしょう。

最近では木材を使った社内環境というのも注目を浴びています。オフィス環境自体への裁量がない場合でも、アロマを焚《た》いてみたり、おやつタイムを導入してみたり、外回りがない人にはカジュアルな服装での出社を許可したりするなど、職場の不機嫌の芽を摘むようなちょっとした工夫はいくらでもできます。そうした居心地のよい環境づくりも上司の職務です。

教師の説教がハラスメントになるのと同じように、職場の不機嫌も、ハラスメントにつながる時代です。セクハラはともかく、パワハラに関しては、不機嫌を抑える技術が身につけば9割方解決する問題ではないかと私は考えています。

職場での不機嫌は、あなたの低評価につながるだけでなく、社会人人生に致命的な問題を引き起こすこともわきまえましょう。職場における不機嫌との具体的な向き合い方については、改めて第5章でもご紹介します。

不機嫌が許されるのは、せいぜい圧倒的天才だけ

ここまで読んできて、まだ納得いかない人もいるでしょう。「でも、仕事ができるリーダーでも不機嫌な人はたくさんいるのではないか」という反論が頭に浮かんでいるかもしれません。

たしかにビジネス書をひもとけば、そこはリーダーたちの不機嫌エピソードであふれています。代表的なのがアップルの創業者であるスティーブ・ジョブズ。本人公認の評伝である『スティーブ・ジョブズ』（講談社＋α文庫）には、三つのアイデアを持っていった人が「一つに絞ってこい！」と怒られたエピソードや、エレベーターの中で突然業務に関する質問をされた人が答えられずに「Fired!（クビだ！）」と怒鳴られた話など、彼の不機嫌エピソードが多々つづられています。

アップルに関して『Think Simple』（NHK出版）という本が出ているように、ジョブズは「シンプルであること」を非常に重視していました。そして自分の思想に合わないものか人に対しては、激烈に怒るということをやってきたわけですね。

ジョブズは不機嫌でも許されたわけですが、それは彼が圧倒的に結果を出した天才だったからです。

凡人が彼を真似してみたらどうでしょうか。いっときは、不機嫌パワーで人を支配して、思い通りに動かすことで、多少の結果を出せるのかもしれません。しかし、ひとたび成果が出せなくなれば、人心は一気に離れます。そして、「そもそもあの人のことは好きでなかった」とか、「あの人は人間的にできてなかった。こうなる運命だった」とか、平然と言われるようになるのです。

仮にあなたに何がしかの圧倒的才能があるにしても、失敗することはあるわけですから、やはり不機嫌のリスクは高いでしょう。

またスティーブ・ジョブズの場合であっても、実はＴＰＯに応じて不機嫌を使っていたと考える向きもあります。

初期のＭａｃの本体ケースの内側には、開発チーム関係者のサインが入っていました。「これはもう製品じゃなくて作品だ、だからみんなの名前を書き込もう」と呼びかけたようです。メンバーのことを大切にしていることが伝わってくるエピソードであり、実際は要所要所で上機嫌を大切にしていたのかもしれません。

膨大な知性を持つ学者や際立ったものを作り上げる人物のモチベーションには、社会や状況への不満、不可解さ、苦悩といったものがあることが多いでしょう。それゆえ多少の不機嫌さや変人ぶりも、それをバネに新しい価値観を生み出すことによって許されています。

もっとも今は、イノベーションを起こすにも、チームワークが必要とされる世の中です。チームワークで最大の成果を出すためには、天才であっても上機嫌が求められます。

スポーツの監督も、かつては「鬼監督」がもてはやされたりもしていましたが、今は一緒に戦って一緒に勝利を喜び合えるような人が支持を得て、結果を出しています。

欧州サッカープレミアリーグのリヴァプールFCで監督をつとめているユルゲン・クロップは、その代表例です。彼は負けたときは自分の責任にし、勝ったときは誰よりもめいっぱい喜び、選手を称《たた》えるのです。かつてはドイツのチーム・ドルトムントを率い、そこに在籍する香川真司《かがわしんじ》選手のことも指揮していました。クロップの香川選手への接し方はまるで仲良しの父子のようで、香川選手を抱き上げて喜びを爆発させている写真などを見ると、こちらも胸が熱くなったものです。

それまで決して強豪校ではなかったチームを箱根《はこね》駅伝優勝に導いたことで、一躍有名になった青山学院大学陸上競技部の原晋《はらすすむ》監督も、上機嫌な指導者の一人です。彼は選手を対等な存在として扱い、チームを「組織」として育てることに注力しました。根性論を語るのではなく、きちんと学生たちが納得のいくように説明をし、「やらせる」のではなく「やる」気になるような指導を続けた結果、４連覇を達成したのです。ゴール際でガッツポーズをとる監督の姿は、誰よりも生き生きとした喜びにあふれていました。

近年ノーベル賞を受賞した研究者の人たちも、一様に上機嫌です。インタビューを聞いていても、「俺の才能だ」とふんぞり返っているような人はおらず、「みんなのおかげだ」と謙虚に微笑む人が多い。チームを統率する能力の一つとして、不機嫌を乗り越えるプロセスが、研究者にも求められる時代になった証左といえるでしょう。

かつてのカリスマは、不機嫌な空気を出すことで部下にご機嫌とりをさせていればよかったのかもしれません。けれども、今やモチベーターとして、全体の空気をチアフルにしていく必要があります。ここにも徒弟制の終焉《しゅうえん》と「職業としての上機嫌」の時代の到来を見てとることができます。

思春期にこそ感情のコントロールを学べ

天才のほかに、不機嫌が許される存在があります。それは「子ども」です。

「情報伝達としての不機嫌」の話をしましたが、これを上手に活用しているのが、赤ちゃんです。生まれたばかりの赤ちゃんは、自分の状態を周囲に素早く伝え、ミルクをもらったりおしめを替えてもらったり、世話をしてもらわないと生きていけません。そこで、泣いたりわめいたりすることで、コミュニケーションを行います。これは、不機嫌による情報伝達に他なりません。

しかし赤ちゃんがなぜ、いつも不機嫌でいて許されるのか。それは言葉が使えずに、自分の不機嫌の原因を自分では解消することができないからです。

自らの言葉で話せるようになり、自分の不機嫌の原因を自分で解消することができるだけ成熟したならば、不機嫌を周囲にダイレクトに伝え、物事を動かそうとすべきではありません。

では子どもは、一体いつまで不機嫌で許されるでしょうか？

私はせいぜい小学生くらいまでだと思っています。中学生になれば十分に自分の気分をコントロールできるだけの分別が身につけられると思うのです。

世間にはいまだ「思春期は暴れたり不機嫌な時期」「思春期に悩んだり傷ついたりしたほうが成長できる」という風潮が強くあります。これは10代の子どもたちの力をあまりにも低く見すぎているように思います。

正直私は、思春期が「反抗期」である必要はないと考えています。何度もお話ししているように、上機嫌を保つというのは「人に気を遣う」ことと深く結びついています。そうしたこころの習慣をある時期だけなくしていいというのはおかしな話ですし、18歳になれば選挙権が与えられます。早く身につけられるなら、早いにこしたことはありません。

むしろ体調の変化もあって精神的に葛藤《かっとう》の多い思春期にこそ、「せめて外ではちゃんと機嫌よくしなさい、自分の気分をコントロールしなさい」という指導をしておくことが大切ではないでしょうか。

特に現代は、インターネットという、誰でもいつでも不機嫌を簡単にまきちらせてしまえるツールが誕生し、「他人の不機嫌には傷つきやすいのに、自分の不機嫌は無意識に発散させてしまう」人が増えている時代です。第2章で詳しく説明しますが、お子さんがいらっしゃる方には、ネットと不機嫌の関係性についても認識していただければと思います。

自衛手段としての上機嫌

ここまでの話をまとめましょう。

- **現代は、24時間他人の不機嫌にさらされる時代である**
- **不機嫌には「慢性的な不機嫌」と「瞬発的な不機嫌」がある**
- **不機嫌をなおすには三つのステップがある**
- **現代では「職業としての上機嫌」が求められている**

・「快楽欲求の追求」と「傷つきやすさの増大」により、不機嫌の不利益はますます増している
・特に職場で不機嫌であることの不利益は、はかりしれない
・天才と子ども以外は、上機嫌でいるに限る

ひとまずこれらを覚えていれば、あなたはだいぶ上機嫌に近づいたといえます。

「オブラートに包む」という言い回しがありますね。これは、薬を包むことで苦味を抑える紙状の「オブラート」にちなんで、言いにくいことを言うときに相手を刺激しないように遠回しな表現を選ぶことを指します。不機嫌を抑えるわざというのは、自分の気分全体をオブラートに包むようなイメージです。心の中は瞬間的に不機嫌になっていてもいいのです。重要なのは、それを他人に見せないことです。

不機嫌を人にさらしている状態は、いわば「裸の王様」です。荒波のように波立った不機嫌を鎮め、オブラートに包んだ言動ができれば、自分も周囲も安心して社会生活が送れるようになります。マナーは自衛手段でもあるのです。

あまりにも「不機嫌じゃダメだ」「職務として身につけろ」と言ってきたので、うんざりした人もいるかもしれません。しかし私は何も警告だけをしたいわけではありません。**ここでお伝えしておきたいのは、不機嫌は生まれつきで克服できない「性質」ではないということです。**

気分をコントロールするワザを習得してしまえば、毎日顔を洗ったり服を着たりするように、自然と上機嫌を保てるようになります。

気分というのは通常、社会的な状況や体調によって目まぐるしく変化します。周囲に対し、共感を持ったかと思うと敵対心を抱いてみたり、浮いてみたり沈んでみたり。

変化が激しいのは仕方ないのですが、それに甘んじてその時々の気分で物事を判断する人は、客観的判断が冷静にできない、一貫性を欠いた人ということになります。

これは社会的な生活を営んでいれば誰もが気づいていることでしょう。問題に対処するにあたっては、ある程度気分から離れてものを考えるべきだという認識はあるはずです。

では、それが実践できているかというとなかなか難しい。人は往々にして気分に左右されてしまう生き物です。

自分を鬱屈《うっくつ》させるもの、垂れ込めた暗雲がふっと晴れるようにするには、気分をコントロールするワザを身につけることです。

ワザは訓練によって習得できます。運動と同じで訓練を続けると、上機嫌の筋力がついてこころの可動範囲が広がり、上機嫌が生活に占める割合が増えるのです。このこともまた、上機嫌を「職務」と考えてほしい理由です。

そして不機嫌が場を支配し全員を憂鬱にさせてしまうことがあるように、上機嫌は場に広がって全員の気分を和らげるものです。

ここで本書のもう一つのメッセージを記します。

あなたが上機嫌になれば、周りも上機嫌に変わっていく

集団の空気が硬く萎縮していても、他者へのサービス精神にあふれ、生きることのエネルギーにあふれた人が一人でもいれば、場の調子は必ず良い方向へと転じていきます。

上機嫌であるというのは、人に対してオープンであるということです。

その時々の気分で揺れることなく、つねに安定した上機嫌の心持ちを維持継続して物事に対応できる「オープンマインド・オープンバディ」な人は、円滑にコミュニケーションができます。コミュニケーションを通じて周囲にも良い効果を及ぼすことができ、結果的

に自分の気持ちもさらに向上します。

「上機嫌は人のためならず」。周囲の不機嫌に悩んでいる人、コミュニケーションのとり方に悩んでいる人こそ、上機嫌の効能に助けられるはずです。

私は自分自身が青年期に「不機嫌な時代」を過ごしたことで不機嫌の罪深さと上機嫌の威力を身に染みて知ることができました。「職業としての上機嫌」という言葉を胸に刻み、ぜひ上機嫌の作法を学んでいただければと思います。

第2章　ネット社会がもたらした新しい不機嫌

SNSは不機嫌伝達ツールとなった

第1章では、不機嫌がいかに不利益かということ、不機嫌から上機嫌にいたる3ステップ、さらに上機嫌が大人にとって根本的な「職務」であり誰もが身につけるべきものだということなどをお伝えしました。

第2章では、現代人がかかえる特有の問題、インターネットがもたらした不機嫌についてお話ししていきます。今の日本の社会で自己の不機嫌を克服し他者の不機嫌から遠ざかるには、インターネットにおける不機嫌について理解し、その対処法を学んでおく必要があります。

現代人は他者の不機嫌に傷つきやすくなっている一方で、24時間攻撃性を発揮できるようにもなりました。

その主戦場はあなたも毎日ふれているであろうインターネット。もっと言えばツイッター、フェイスブック、LINEなどといったSNS（ソーシャル・ネットワーキング・サービス）です。

情報テクノロジーの発達とともに、インターネットは、個人が自由に発言しコミュニケーションできる場所を数々生み出してきました。

遠くの友人と気軽に連絡がとれたり、音信不通になってしまった知り合いと再会したり。災害情報をいち早くキャッチして難をのがれたり、日本のみならずニュースにふれて知見を増やしたり、社会問題について活発に議論しあったり。

発信とコミュニケーションの機会が生まれたことで、人類社会に数々のメリットがもたらされたことは疑いようのない事実です。

しかしその一方で、個人が自由に発信しコミュニケーションできるというインターネットの利点は、不機嫌を増大、蔓延《まんえん》させ、遠くまで広げてしまうという弊害ももたらしてしまったように思います。

たとえば急ぎの用事があって電車に乗ろうとしたところ、前にいるお母さんとベビーカーの動きが遅く、自分が乗る前に電車のドアが閉まってしまったとしましょう。「子連れで出かけるのは本当に大変だろうなあ」といたわりの心が持てる人もいるでしょうが、一瞬「やっぱりベビーカーは邪魔だな」「あの母子がいなかったらなあ」とイラッとしてしまう人もいることでしょう。「不機嫌の芽」が出る瞬間です。

私は「不機嫌の芽」自体が必ずしも悪いものだとは思っていません。心のなかに不快な気持ちが生まれること自体は生理反応であり、人間としての性《さが》であるからです。

第1章で「機嫌とは、人の表情や態度に表れる快・不快の状態」だと述べました。感情の変化をその時点で認識し、抑えて、人前で見せなければいいのです。万一その場で舌打ちをしてしまっても、「あ、今のは良くなかったな」と自分を立て直すことができれば、上機嫌に一歩近づけます。

あるいは、家族や友人に「今日ベビーカーが邪魔で電車に乗れなくてさー」と愚痴を言ってしまうことはあるでしょう。それもまだ大丈夫。彼らはあなたの元々の性格や普段の行動を知っています。「まあまあ、そんなにイライラしなくても」「あなたらしくないんじゃない」と諫《いさ》めてくれ、「あ、今のは良くなかったな」とすぐに反省することができるはずです。

しかしこのところの日本では、自分が思ったことをすぐにSNSに書いてしまう人が後を絶ちません。

「今日電車に乗ろうとしたらベビーカーが邪魔で乗れなくて、用事に遅れちゃった。最悪」

すると、どうでしょうか？　あなたの不機嫌――他者に対する不寛容さを露《あら》わにした不用意な発言が、いきなり全世界に発信され、拡散し、多くの人に「未熟な人」という印象を与えてしまいます。

これは非常に危険な状態だということが、おわかりでしょうか。

「陰口」とされるものが、「陰」ではなくなり、公にさらされてしまう。SNSは、こうして不用意に発せられた不機嫌な言葉であふれています。

インターネットは不機嫌な無免許運転者だらけ

「自分のSNSなんて周囲の知人しか見てないし……」と思う方もいるかもしれません。しかし、意外と広がってしまうものです。

過去には、バイト先でショーケースの中に寝転がった写真を撮影してSNSにあげた不用意な学生が、店をクビになるだけでなく、その店自体も閉店に追い込まれてしまった、というような事件も頻発しています。いわゆる「バカッター炎上」と呼ばれたものですね。

LINEのような本来は閉じたコミュニケーションであっても、個人向けに送ったメッセージがキャプチャされて拡散するということが起こっています。

「なんて愚かな学生なんだろう」と思ったあなた自身も、何かしらの形でインターネットを通じて自分の不機嫌さをまきちらしてしまっているかもしれません。

また、自分では注意深くSNSで発信できていたとしても、周囲は必ずしもそうではありません。押し寄せてくる不機嫌が知らず知らずのうちにあなたの世界を侵食し、あなたの気分を蝕《むしば》んでいます。

家でくつろぎながら何気なしにつぶやいたことが世界に伝播《でんぱ》することで、あなたの評判が下がったり、人間関係が破壊されたり、最悪職を失ったりすることもありえます。

私はSNSのこのような現状を、たくさんの無免許運転者が首都高速を走っているような状態だと感じています。

自動車の免許をとるときは、誰でも必ず自動車教習所に通って講習を受け、実技・筆記の双方で試験を受けて、合格する必要があります。もちろん免許を持っていても事故を起こす可能性はありますが、教習を受けているからこそ、人々は「いつ何かの拍子に加害者になるかもしれない」ということを頭の片隅に置きながら、身を引き締めて運転を行えるわけです。

それに対してSNSはどうでしょう。免許どころか運転講習すらないのに、誰もが無責任に自分の気分を発信できてしまう。私はこれは非常におそろしいことだと思っています。

みんながみんな、知らず知らずのうちに複雑な首都高速に乗っかってしまっている。S

ＮＳでの発言が原因で職を失った人や、他人の発言に傷ついて自殺した人もいるような状況なのに「いつか何かの拍子に加害者／被害者になるかもしれない」という発想が希薄な人が多いように見受けられます。

インターネットのない時代の情報発信は、せいぜい田舎の一本道を通っているようなものでした。スピードを出しすぎかなと思うような意見を出しても、せいぜい知り合い止まりで事故につながることはほとんどありませんでした。けれども、今は車線変更が非常にややこしい首都高速を無事故で駆け抜けるドライビング・テクニックが必要になっているのです。

しかもインターネットには、自分も無免許運転であるにもかかわらず、他人を取り締まろうという不機嫌で傷つきやすい運転者があふれています。

とりわけ私がそのことを実感するのが、ヤフーニュースのコメント欄を見ているときです。なんとまあ不用意に、他人への敵意をむき出しにしている人の多いことか。

ヤフーニュースのコメント欄は、私にとって人前で話す仕事をするうえでの重要な指標となっています。人々にとって「何が怒りのポイントなのか」「どういうことが逆鱗《げきりん》なのか」をつねに定点観測しているのです。

たとえば芸能人の不倫報道が出たとしましょう。そのコメント欄を見ると、「私も許せない」「人としてどうかと思う」「あの人の言うことのすべてが信じられない」といったコメントが何百件も続きます。とにかくみんな怒っていて、似たようなコメントがすでにされていても「私も怒っている」ということを表明しないと気が済まない。しかも正義の観点で怒っているだけではなく、何か「自分たちの生活が害された」というか、「傷ついた」という思いであふれています。

たしかに不倫は配偶者を傷つけているかもしれません。道徳に反した行為ですし、場合によっては共同体の平和を害するものにもなるでしょう。しかし自分の配偶者でもなく、近所に住んでいるわけでもない芸能人の不倫がここまで過剰に報道され、一般人が反応するようになったのは、せいぜいここ数年の出来事ではないでしょうか。

もっとも、そうした観点から不倫報道に疑義を呈する世論も少しずつ聞かれるようになりました。元教え子であり、今はアナウンサーとして活躍している安住《あずみ》紳一郎《しんいちろう》さんとはよく社会の怒りの風潮について語り合うのですが、先日「人の怒りのポイントが1年ごとに変化しているよね」という話をしました。逆に3年前には許されていたことが今はまったく許されないというような場面にも、たびたび出合います。

しかもその矛先は、芸能人だけに向くのではありません。ヤフーニュースで取り上げられるのは有名人がほとんどですが、ツイッターの炎上を見ていると、それこそ小さな店の学生バイトのようなごくごく一般の私人の、ついやってしまった一ツイートに不機嫌な人たちがむらがってボコボコにたたき、再起不能にするということが繰り返されています。

自分が無免許運転者であることを自覚し、さらに周囲の無免許運転者の不機嫌をうまく避けて通る能力が、今の時代は不可欠といえるでしょう。

「魔女狩り」が平然と行われる現代社会

それにしても世の中はなぜこんなに、他者の言動に対して不機嫌になりやすくなってしまったのでしょうか。

インターネットの問題を提起してきましたが、そうした日本人一人ひとりの慢性的な不機嫌を助長していたという点では、テレビの罪も大きいと考えています。

ワイドショーやバラエティ番組を見てみましょう。なんと多くの番組で、辛辣《しんらつ》なコメンテーターがもてはやされていることか。タレントの結婚・離婚・不倫といった話題を槍玉《やりだま》に挙げ、過激なコメントをポンポンと繰り出すコメンテーターが重用されています。

不機嫌が公の領域で行われることを是としたテレビの存在は、間違いなく日本人一人ひとりのふるまいに影響しています。視聴者の代弁者として発言しているつもりかもしれませんが、むしろ視聴者がコメンテーターを真似て不機嫌になっているのです。

その結果として、現在のインターネットはみんながコメンテーターとして断罪する「私裁」の刑場になりつつあります。私裁、つまりリンチは、世界中のあらゆる国家の法律では禁じられています。古代バビロニアのハムラビ法典の時点ですでに「目には目を、歯には歯を」と、罰は法典にのっとって行われるものだと定められました。

それなのに現代社会では、ハムラビ法典以前の価値観に逆戻りし、勝手に刑罰を与えている。しかも自分にとってさほど関係ない、実害がない人に対してまで断罪がおよんでいます。

なぜみんな、そんなによってたかって不機嫌になり、不機嫌を増幅させているのでしょうか？

一つには不機嫌にはまだパワーがあると思っている人がいて、不機嫌になることで相手を支配し、上位に立ちたいという欲求を満たしたいことがあるでしょう。

たとえば芸能人というのはスターですから、収入も多いし、才能もある、見た目もいい。

その人たちをスターとして崇《あが》めていたい気持ちもあるけれど、一方で「ムカつく」「引きずり下ろしたい」という否定的な気持ちが生まれてしまう。スターが転落するとせいせいする、という人もいるでしょう。芸能人は評判によって成り立っている職業ですから、評判が落ちるような事実があれば引き下ろされる、というのもまた芸能界の一システムであり、週刊誌によるゴシップとそれにともなう人々の反応は、ある種の民主的権力の行使と見ることもできなくはありません。

誰かを血祭りに上げることが興奮をもたらすというのは、哀しいことに歴史的にも何度も繰り返されてきた現象です。中世ヨーロッパにおける魔女狩りがまさにそうでした。ミシュレという歴史学者が書いた『魔女』（岩波文庫）という本では、中世で魔女狩りが流行していく過程が丁寧に描かれています。

魔女狩りを生んだのは、正統派と異端という考え方です。自分たちに正義がある。その正義のために異端を血祭りに上げなければならない。そうした自分たちと違う人々を憎む気持ちや攻撃衝動が、魔女という概念によって正当化されてしまったがために悲劇が繰り返されたのです。

歴史上繰り返されてきた排除の構造を現代で可視化してしまったのが、ＳＮＳです。

ひとたび不用意な人を見れば、「あれはダメだよね」「私もダメだと思う」という感情がワーッと広がっていって、みんなで攻撃する。生まれでた不機嫌に、次から次へ薪《まき》をくべる人が現れて炎上が起こります。

攻撃が向く対象が社会的に責任のある公人であり、しかもその人が法的な不正を働いていたのであれば、それらの怒りにも正当性はあるでしょう。2017年秋にはハリウッドの有名プロデューサー、ハーヴェイ・ワインスタインのセクシュアルハラスメントが被害女優たちによって告発され、似たような経験をした女性たちが「#MeToo」というハッシュタグで自己の体験を話すという社会運動が世界的に話題となりました。このことは男女平等な社会に向けて人類の時計の針を進めた価値ある行為だと思います。

ただ、ちょっと行きすぎた発言を行っただけの一般人に対して集団攻撃を仕掛けるとなれば話は別です。それは不機嫌の燃料を集めて誰かを火あぶりにするという魔女狩りでしかありません。「この人は攻撃していい」というレッテルがひとたび貼られると、相手とは無関係な生活の鬱屈《うっくつ》、つまらなさ、窮屈さなどをバーンとぶつけ、押し込められていた不機嫌パワーを発散する「祭り」にしてしまう。インターネットがどんなに文明の発達をもたらしても、現代人の脳内回路は、近代以前とさして変わらないのです。

芸能人のニュースに物申したくなったとき。周囲の人間や、まわりまわってきた無関係な一般人の発言を批判したくなったとき。あるいは流れてきた不機嫌発言にのっかりたくなったとき。「もしかして、これは自分の不機嫌をぶつけたいだけではないか？」と自問自答しましょう。

傲慢な裁判官だらけのインターネット

「魔女狩り」の対象は、実際に不用意な言動をした人にとどまりません。要は息苦しいから標的をつくって発散しているわけなので、相手に本当に落ち度があったかすらもはやどうでもよくなっている人も見受けられます。たとえば攻撃されている人間を擁護したときに「こんなやつを擁護するのか」と言われて、自分も煽《あお》りを食ってしまうということがあります。

現代日本は民主主義国家ですから、本来は多様な意見を受け入れるのが筋というものです。「ああ、こういう見方もあるのか」と受け止めて、いろいろな人がいろいろな意見を持つことでバランスをとるのが成熟した社会人のあり方です。しかし現在は「こいつ絶対悪いでしょ」という空気ができてしまったら、少なくともその時期は「絶対に悪いよね」

と同調しなければ、かえって人格が疑われてしまう場面もあります。「魔女狩り」に加えて「踏み絵」が行われているといえるでしょう。

魔女狩りにしても踏み絵にしても、厄介なのは、やっている本人たちに「正義感で事を為している」と思いこんでいる人が多いということです。

歴史上のほとんどの残虐な行為の裏には正義感がありました。たとえば大航海時代には、ヨーロッパの侵略者たちは、現地の民族に「高度な文明を与えてやる」「キリスト教により教化してあげる」というような気持ちを持っていた。

裏を返せば、正義感で事を為しているときほど、人は過ちを犯しやすいとも言えるかもしれません。正義感を抱いているとき、人はいともたやすく攻撃性のリミッターを外してしまうのです。

また正義感には連帯意識によって激化するという性質があります。人がつながりやすい状況になったことで、不機嫌に裏打ちされた正義感が一気に燃え広がるようになったのです。

インターネットのスピード感というのは本当におそろしいもので、間違った正義が間違ったままで大勢に認知されてしまいます。

私は法学部出身なのですが、学生時代「模擬裁判」というものを行っていました。これは学生同士で被告、原告、弁護人、裁判官、検察官といった役柄を演じ、裁判で行われる判断過程をロールプレイしようとするものです。裁判官は被告側と原告側の弁論をもとに「利益衡量」を行います。

利益衡量というのは、法律を今の状況にあわせて合理的に解釈すべく、当事者や利害関係人の利益その他の公益などを比較するという、法律家にとって重要な思考法です。簡単に言うと、「どちらをどう勝たせれば社会としてバランスがとれるのか」をよく考えて判決を決めるということです。

正しい利益衡量をするには何が必要でしょうか？

それは両者の主張が十分に出し尽くされた状態で、そこに含まれる事実を一つひとつ慎重に検討していくことです。現実の裁判では、日をおいて両者がお互いの意見に反論する機会も設けられ、一度出た判決に納得いかないときは「控訴」の権利も認められています。

それに対して、現在のインターネット上の「正義」はどうでしょうか。

片方の意見を聞いた瞬間に「じゃ、君は死刑！」「君は負け！」と宣言するようなことが平然と行われています。加えてその片方の意見さえ、断片的な事実にしか基づいていないことも多い。まるで国民一人ひとりが裁判官にでもなったように、ズバズバと判決を下している。当事者双方の話をろくに聞かずに、裁判官のような権力をふるっているのです。民主主義どころか法治主義にも反した状況といえるでしょう。

大切なのは「正義感チェック」

こうした時代だからこそ、「明日は我が身」ということはつねに念頭に置かなければなりません。モラルに反した誰かの言動が流れてきたとき、「こいつは悪！」と決めつける前に「自分もやりかねないな」とか、「まったくないとは言えないな」とワンクッション置いてみるのです。

誰かを「お前は悪だ！」と決めつけるとき、実はその裏には「お前の傲慢《ごうまん》さが許せない」という鬱屈が隠れていることも少なくありません。芸能人のスキャンダル報道に対する苛烈《かれつ》さはそれを如実に表しているように思います。

つまり「お前はお前の人気に見合った人間ではなかったじゃないか！」「お前の実力は思ったほどはなかった」という怒りがあるわけです。現代社会は、「傲慢」や「勘違い」に厳しいのです。

しかし考えてみてください。その傲慢や勘違いを指摘している私たちは、本当に自分の身の丈をわきまえて暮らしているでしょうか？　民主主義の原則を捨ててまで、裁判官気取りをできるだけの身の潔白があるのでしょうか？

私は、他人の傲慢や勘違いを指摘しているうちに、自分がどんどん傲慢になっている人があまりにも多いと思っています。「正義」による攻撃が苛烈をきわめている現代社会だからこそ、そこから距離を置くことが、いずれはあなたの身を守ります。

もっと言ってしまえば、「自分には正義がある」と思うこと自体が危険なのです。哲学者のデカルトは「真理を探求する際には、疑えるだけ疑え」と言いました。

果たして１００％自分に正義があると思っていいのだろうか、その根拠は何なのだろうか、自分もそういうことをしないと言えるであろうか、だとしても相手にも事情があったのではないか……。こうやって「正義感チェック」をしていくと、必ずどこかで自分の正義のほころびに気づきます。

この世界の中で「絶対」と言えることはほとんどありません。「絶対に許せない」と言っているとき、デカルト流に言えば、その人は知性を放棄しているに等しいのです。

たとえば性についての規範意識も、社会や時代によって違いがあり、「絶対」はありません。民俗学者の故・赤松啓介《あかまつけいすけ》氏による『夜這いの民俗学・夜這いの性愛論』（ちくま学芸文庫）をご一読いただければ、「絶対に正しい」ことはないことが納得できるかと思います。

そしてこれは何も、人間の行いを非難するときだけの話に限りません。たとえばアマゾンのカスタマーレビューを見ても、安易に「つまらなかった」「買う価値がない」といった断定的な言葉をぶつけている人のなんと多いことか。「立ち読みしたけど最後まで読む気がしなかった」と書いてある人はまだましです。「こんなことをいう人間だから信用できない」というような、書籍をまったく読まずに人格批判だけで☆1をつける人も残念ながら非常に多いのが実態です。「悪意だけで書いているな」というのは、そのレビューを読んだ人間にはすぐにわかり、厭《いや》な気分になります。

つまり、そこに不機嫌があり、こちらにも影響してくるのです。

もしこうしたレビューを、名前を出した書評家が行えばどうなるでしょうか？　必ず「どこがつまらなかったのか？」「この点に価値があるというのを見逃してないか？」といった反論が湧き出ることでしょう。しかし、匿名の素人による悪意あるレビューのほとんどは、真偽を確かめられることのないまま放置され続けています。風評による営業妨害といっても過言ではないでしょう。発言に責任を持たないにもかかわらず影響力だけが肥大している。そんな奇妙な状況が発生しています。

そもそも批評というのは、感情ではなく事実によってなされるものです。その作品を「良い」「おもしろい」と感じなかったとしても、不機嫌を表に出さずにレビューすることはできます。

語彙《ごい》が豊富で軽妙なレビューももちろんあり、私も本やＣＤの購入の際には目を皿のようにして眺めます。

ポイントとしては、むやみに☆1をつけている断定的なレビューは無視するということです。

「理解はできるけど自分には合わなかったかも」

「〇〇なところはよかったけど、〇〇なところはいまいちだったかも」

全部をノーと言わずとも、ダメだった部分の指摘はできます。絶対的な評価を下しそうなときほど、自分の「感性チェック」をしてみてください。

「魔女狩り」よりも「天の岩戸」を思い出せ

おすすめしたいのが、周囲が何かで不機嫌になっているときほど、ジョークを言うということです。

私が毎日ヤフーニュースのコメント欄を見ているのは、何も不機嫌なコメントばかりにふれたいからではありません。コメントのなかに、ジョークで切り返しているものがまぎれており、そうしたコメントを眺めるのが好きなのです。同じニュースにものを言うのであっても、「あ、この人は不機嫌じゃないな」とわかるコメントをする人は必ずいます。だいたい20〜30コメントに一つくらいでしょうか。

こうしたコメントを読むと、日本にはまだこんなに気の利いた上機嫌を発揮できる人がいるんだなと、私もうれしくなります。他の人の不機嫌に飲み込まれず、こころをリセットすることで、そのコメント欄を見た不機嫌な人たちをもクスッとさせてしまう。実際そうしたコメントには「いいね！」が集中していることが多いのです。場の空気を変える上機嫌といえるでしょう。

そうしたコメントを見ていて思い出すのが、『古事記』でつづられた「天の岩戸」のエピソードです。

太陽神であり日本でもっとも尊い神様とされている天照大御神《あまてらすおおみかみ》が、弟の素戔嗚尊《すさのおのみこと》の乱暴な言動にほとほと耐えかねて「もうイヤです」と岩戸の中から出てこなくなってしまったことがありました。不機嫌が頂点に達して、内にこもってしまったということですね。人が引きこもりになっても「あなたの気が済むまで、ゆっくり時間をかけて待つわ」で済みますが、太陽神ですから困ります。大地に日光がささず、作物は育たず、世界から秩序が失われました。

そこで他の神様たちはどうしたか。「太陽失格だ」「責任感がない」「勘違いしている」と彼女を責めたのでしょうか？

彼らがとったのは「宴会を催す」という方法でした。みんなで岩戸の外で酒を飲み、歌って踊って、天照大御神の気を引いたのです。八百万の神々が大笑いしているのを聞いた天照大御神は「なんで私がこもってるのにみんなそんなに楽しそうにしてるの」と気になってしまい、岩戸の外から「あなたより尊い神様が来ているからですよ」と言われて、「なんですって」と戸をガガッと開けてしまいました。

こうした笑い、踊り、歌い、楽しい場を催すことによって不機嫌な人を上機嫌にしてしまうんですね。似たような例で「北風と太陽」という童話もあります。これらが伝えているのは、上機嫌こそが問題を解決するという非常に前向きな教えです。私たちも、「魔女狩り」ではなく「天の岩戸の宴会」の光景を、心にとどめましょう。

即レス文化が不機嫌の温床となっている

ここまでは、インターネットが人々の不機嫌を増幅し、見ず知らずの人にまで広げてしまうという話を中心に論じました。

一方でインターネットには、身近な人同士の間にこれまで存在しなかった不機嫌を生み出している側面があります。その中心にいるのは、10～20代の若者です。

「キレる若者」が問題になった80～90年代と比べ、今の若者はずいぶんおだやかになっていると思います。教壇から彼らを見ていると、傲慢や勘違いが可視化されやすくなったことを身に染みて理解し、無意識に自己客観視の術《すべ》を身につけている人が多い印象を受けます。

一方で、彼らは身近な人たちとのコミュニケーションにおいて、この時代ならではの問題をかかえています。

その代表例が「既読スルー」です。

インターネットが発達し、スマートフォンが普及してから、手紙やメールではなく、メッセンジャー機能を持つアプリを利用して周囲とコミュニケーションする人が増えてきました。ＬＩＮＥやフェイスブック、この本をお読みの方でも使っている方が多いのではないでしょうか。大学生を見ていても、新しく見知った同士では必ずＬＩＮＥのアカウントを交換していますし、ゼミが開講されたらグループＬＩＮＥをつくって情報共有をするという人がほとんどです。

これらのメッセンジャーと、手紙やメールが決定的に違うところはなんでしょうか。それは、「既読」マークがつくということです。

パッと送ったメッセージに、相手から既読がついた。内容も読んでくれているはずなのに、返事は来ない。一体なぜだろう……。現代では、この「既読スルー」によって心を乱されている人が数多くいます。もっとひどくなると、相手がメッセージを未読にしていることが許せない人もいて、「未読スルー」という言葉すらあるくらいです。

「そんなことで？」と思うかもしれませんが、彼らにとってはきわめて重要なことです。ある講義でアンケートをとってみたときも、なんと８割の学生が「既読スルーされると気分が悪くなる」と答えました。朝誰かに送ったＬＩＮＥが既読スルーされていると、その日一日不機嫌になってしまい、気がそぞろになるというのです。

ＬＩＮＥのメッセージは、一日に何通も送り送られてくるものです。内容は把握したものの、ゆっくり考えて返信をしたいときもあるでしょう。また数日返事があいたところで、何か現実に不都合が発生するわけではありません。実際「既読スルーされても気分が悪くならない」と答えた学生は、「お互い様だから」と言っていました。

しかし今の時代の若者たちは、自分の言葉にすぐに反応が返ってくることに慣れきってしまっています。そのスピード感で生きているために、返事が来ないとメンタルに不都合が生じてしまうのです。存在に対する「承認欲求」があまりにも敏感になり、欲求をこまめに補充しないと自分の心を保てなくなっているともいえるでしょう。

たとえるなら、すぐに空になってしまう充電池のようなものです。瞬時に空になってしまうので、早くスタンプややさしい言葉をもらって承認を補充しなければなりません。便利すぎるコミュニケーションツールは、怒りや不機嫌の沸点を劇的に下げ、慢性的な不機嫌のもとになっています。

同じことはメッセンジャー以外の場でも起きています。フェイスブックやツイッターには人の投稿に対して「いいね！」とリアクションできる機能がありますが、やはりこれも承認が満たされない状況を生み出す、不機嫌の温床となっています。

ポジティブなリアクションをしあうこと自体は、一見上機嫌に近づくメソッドに思えます。しかし、「いいね！」をもらえるのが普通になってしまったことで、「いいね！」がもらえない状態だともう不機嫌になってしまうという人もいるのです。まるでエサを待ち望む池の鯉のように、口をパクパクさせている状況です。

現代人は『人間失格』じゃいられない

傷つきやすい人たちは、ただ不機嫌になるだけではありません。自己防衛がエスカレートして、相手に敵対心を抱くことも珍しくありません。

忙しくてうっかりＬＩＮＥで「既読スルー」にしてしまう日は誰にでもあるし、フェイスブックでも別に「いいね！」は義務ではない。しかし、すぐに傷ついて相手をブロックしてしまったり、「『いいね！』がされてない……だったらもうこちらも『いいね！』しないぞ」と復讐《ふくしゅう》心を燃やしてしまったりする人も見かけます。

もっとひどいと、複数人のＬＩＮＥグループから相手だけを外したグループをつくってそっちでだけおしゃべりをするなんてこともあるようです。これまでも教室での仲間はずれというのは発生していたのですが、さらにはっきりした形でそれが行われるようになったわけですね。「グループに誰を入れるか、入れないか」ということまで空気を読み合って処理していかねばならず、傷つきやすさがさらなる窮屈さを生み出している状況です。それらを処理するにはかなりの人間関係スキルが必要になりますから、今の若者たちはずいぶんと高度なことをやってのけているといえるかもしれません。当然、そのぶん疲労がたまり、多大なストレスへとつながっています。

傷ついた心を復讐心に変えてしまうことを、「ルサンチマン」と言います。この概念は元々は哲学者のキルケゴールによって想定され、ニーチェの『道徳の系譜』で使用されて、脚光を浴びました。ニーチェによれば、ルサンチマンを持つ者は社会的弱者であり、彼らは自身では社会的格差を解消できないときに、敵を想定することで価値判断を逆転し、敵を攻撃するにいたるのだといいます。そして、その連続が道徳を形作ってきたと、ニーチェは断言しています。

弱者の恨みが道徳をつくった、というのはなかなかすごい話ですが、現代も傷つきやすい人々の要求することがインターネットのスタンダードになりつつあり、社会全体の雰囲気になってきているように思います。

昔から不機嫌もルサンチマンも存在していましたが、それらはあくまで個人のなかに留《とど》まり、せいぜい自分一人でワーッと吐き出したり、周囲の人に一時的にぶつけたりするだけで済んでいました。

状況が変わったのは、活版印刷が発明された以後でしょう。自己の中の鬱屈した空気をふんだんに詰め込んだ小説を数々の文豪が描き、さまざまな人の手元に届くようになりました。

１７７４年に刊行されたゲーテの『若きウェルテルの悩み』は、まさにその走りです。青年ウェルテルが婚約者のいるロッテという女性に恋をしてしまい、思い叶《かな》わずに絶望して自殺するという話です。

同書の内容は、当時それを真似た自殺者が多発するという社会現象まで巻き起こしました。一人の人間が書いた「厭な気分」が印刷物を通じて多くの人に届き、影響力を発揮してしまったのです。

日本でも、やがて文学によって不機嫌が発見され、人々に広められます。山崎正和《やまざきまさかず》さんが『不機嫌の時代』（講談社学術文庫）という本を書かれていますが、彼によればそれは「日露戦争の戦後がしだいに『戦後』として意識されるやうになつたころ」でした。当時出版された志賀直哉《しがなおや》の『大津順吉』には、「うつたうしい気候から来る不機嫌」が「他人に対する不快と一緒になつて」いることに悩む主人公が出てきます。まさに、私の指摘する「慢性的な不機嫌」のことです。

その後も、文豪たちによって「不機嫌な青年」像は次々に生み出されました。太宰治《だざいおさむ》が書いた『人間失格』の主人公・葉蔵《ようぞう》もとんでもない不機嫌のかたまりでした。『人間失格』の物語がもしSNSで発信されていたら、大変なことが起きていたでしょう。

「そもそも私も死にたい」
「私も道化を演じていました」
「周りの人に対してこのような不快な感情を持っています」
「共感します」

という人が山ほど集まったはずです。

しかし文豪たちが不機嫌を書いたのには、理由がありました。近代的自我を持つことは、生きることに関する悩みを一身に背負うことだったからです。明治維新後の激変期や、戦後の行き場のない時代の空気、人々の行き場のないエネルギーを代理する形として、文豪たちは不機嫌な青年となり、不機嫌な青年を書かざるを得ませんでした。

現代は不機嫌さが表現者のみならず、一般人にまで下りてしまっています。不用意な小さな不機嫌をＳＮＳで発信することがあまりに大きなリスクを伴う時代になりました。私たちはもはや『人間失格』ではいられません。このことを胸に刻んでください。

ＳＮＳは難易度の高すぎる伝言ゲームだ

インターネットにまつわる話がずいぶん長くなりました。ここまでの話をおさらいしてみましょう。

- **人間は、インターネットの発達により、24時間他人の不機嫌にさらされるようになった**
- **ＳＮＳは不機嫌を、ものすごく速くものすごく遠くへ広げてしまうツールである**
- **人は知らず知らずネット上の「魔女狩り」や「踏み絵」に参加している**
- **「正義感チェック」をすると、不機嫌に飲み込まれなくなる**
- **ＳＮＳの「既読」機能や「いいね！」は、人々の承認欲求を増大させ、傷つきやすさによる不機嫌を加速させている**
- **近代の文学者でもないのにルサンチマンをまきちらすのは、あまりに危険である**

ちょっと手厳しい言葉が並びましたね。それほど、私がインターネットの危険性を痛感しているということです。インターネットの速度、距離、つながりやすさが、大変な利便性とともに人間の気分に大きなリスクも生み出してきたことがご理解いただけたでしょうか。

もっともインターネットが人類の発展に多大な貢献をしていることも事実です。だからこそ、とりわけ公の場の発言は、「無免許運転」に任せるのではなく、最低限のモラルとマナーを身につける必要があるのではないでしょうか。しかし残念ながら、「インターネット免許制」を実現するのはなかなか厳しそうですから、せめてこの本が「運転教習教材」になれば幸いです。

これはSNSでのコミュニケーションに限らない話ですが、「文字に残るものに関しては基本的には不機嫌を露わにしない」というルールを決めておくのはかなり重要です。

私はインターネットでの発信は現在していませんが、こうした書籍の執筆や雑誌での連載、講義のレジュメなど、日々ありとあらゆるものに文章をつづっています。だからこそ、どんな文章を書くときでも「今、自分が不機嫌じゃないだろうか」と省みるようにしています。

家族や身近な友人としゃべるときは、多少不機嫌でも修復が可能です。しかしネットで接する相手というのは、それよりも親しさが薄い存在になります。ほんの少し不機嫌がにじみ出ただけでもその文字が独自の力をもってしまいます。発信者の微妙なニュアンスを表せず、一部の言葉だけが強く出てしまうということもあるわけです。

そのため私自身がネットで意見を発信するときは、「同じことをテレビで話して問題ないか」という意識で「不機嫌チェック」をしています。

ＳＮＳのおそろしさには、「伝言ゲーム」が発生してしまうことも挙げられます。普段講演を行うときも、私は「できればツイッターなどで拡散しないでいただけるとありがたいです」と伝えています。なぜならばＳＮＳで拡散されてしまうと、こちらが言った言葉が元々の意図からずれて伝播してしまうことがかなり多くなるためです。文脈や空気から切り離された言葉は必ず何かしらの内容に齟齬《そご》が発生します。

これは言葉というものの、いたしかたない性質です。学生時代を思い出してください。先生が何度も話してくれたことでも、定期試験では思い出せずに間違えたものでしょう。ましてや「Ａさんがこう言っていた」というＢさんの発言がＣさんやＤさん、さらにＸさんまで届く頃には、当初と正反対の意図になっていることも珍しくありません。

私は講義や講演で何万人という人を相手にしてきましたので、直接話した相手とすらそういったズレが起きてしまうことを知っています。そのことを実感してもらうために講義で「伝言ゲーム」をやることもあるくらいです。これは自分がSNSで情報を受け取るときにも「すでに事実からずれている」可能性が高いということでもあります。

しかもインターネット上のコミュニケーションの大半が、対面での伝言ゲームと異なり、身振りや表情が伝わりません。電話ならまだ声音や間合いという身体的要素があったのですが、本当に文字のみなのです。「バカ」という言葉一つとっても、大きく笑いながら言ったのであれば冗談だとわかりますが、SNSではどういうニュアンスなのかが伝わりにくいんですね。

最初からSNS用に用意した言葉ならまだしも、テレビ番組で誰かが言った言葉というのがネットニュースになりSNSで拡散しているのを見ると、「現場では笑いに包まれていたのに、そういう受け取られ方なのか」と私自身驚くことも少なくありません。最近は絵文字やスタンプといったギミックが使われるようになりましたが、やはりSNSで正確にモノを伝えるのは、非常にテクニックが要ることなのです。

言葉が「文脈」から切り離されると何が起こるか

ＳＮＳにはこうした性質の他に、もう一つ送り手と受け手の間に認識のズレを生じさせる大きな特徴があります。

それは「一つひとつのメッセージを手短に伝えなければならない」ということです。ツイッターには１４０字の文字制限がありますし、ＬＩＮＥやフェイスブックのメッセージも、読みやすいのはせいぜい１００〜２００文字程度です。

なんの気なく自分の気分を発しようとして、これらのツールを使うとどうなるでしょうか。頭のなかでいろいろな考えがあっても、手短に言う必要があり、その結果としてニュアンスがうまく伝えられなかったり、間違えた言葉のセレクトが生じてしまったりすることが起こります。また言葉の奥行きがなくなることで、行き違いや誤読が生まれることも少なくありません。そのうえ「これは言葉を省かずに伝えたい」と複数のツイートで発信したメッセージも、受け手が一部だけを読んで、前後を読まない可能性があります。

こうしたＳＮＳの特徴がすべて合わさるとどうなるでしょうか。

自分が発した言葉のはずなのに、言葉が意図した文脈から切り離されてしまうということが起こります。全体を見ると相手を叱咤《しった》激励したコメントだったのに「あの人があなたのここがいまいちだと言っていたよ」というように、全体の文脈から外れたネガティブなところだけが拡大され、伝言ゲームで伝わってしまうわけです。言葉とは、なんと危険なものでしょうか。

このような「文脈からの切り離し」は、まさにインターネット上での有名人叩《たた》きの現場でよく悪用されています。

以前あるネットニュースで、芥川賞《あくたがわ》など数々の賞を受賞してきたベテラン作家のAさんの発言が取り上げられていました。彼が最近芥川賞を受賞したばかりの作家Bさんに対して「自分が審査員だったら賞を君にあげていない」と言ったというものです。

コメント欄を見ると、「若手に嫉妬《しっと》しているんだ」「Aは元々人格的に難がある」など、Aさんを非難する言葉が並んでいました。たしかに「自分が芥川賞審査員だったら、君には芥川賞をやらない」と言ってくる先輩は、厭な感じがしますよね。しかし、私はお二人のどちらともお会いしたことがあり、「おかしいな」と感じました。そうしたギスギスした間柄には思えなかったのです。

不審に思ってコメント欄をさかのぼっていると、真相がわかりました。50件ほど下のほうについていたコメントに、こうあったのです。

「Aさんの発言はテレビ番組で実際に言っていたことだが、Bさんの作品に対しての悪口ではない。若手作家の人たちが実家に仕送りをしていないという話題のなかでBさんの母親も『Bは仕送りをしてくれない』と冗談で言っていたという話が先にあり、そこでAさんが『親孝行をしていないような人には、ぼくだったら賞はあげないな』と冗談を言っただけのことです」

つまり、元々のAさんの発言は、場の話題と空気にのっとった友好的なジョークだったんですね。しかしネットニュースにより文脈から切り離され、不機嫌の餌食《えじき》になってしまった。たしかにコメント欄では正しい事実を指摘している人もいましたが、それは不機嫌なコメント群に埋もれてしまっていました。私も「おかしいな」と思ったから、探し出せただけなのです。そのテレビ番組を見ておらず、お二人の人柄を知らない多くの人は、勘違いしたまま「Aさんはけしからん」と思ったことでしょう。

「あなたはその言葉を言いましたよね？」と問われれば「たしかに言った」と答えざるをえない言葉でも、それを文脈から切り離して別のニュアンスに見せてしまうのは、もはや一種の暴力です。

インターネット上の発信は、受け取る際も自分が行う際も、「文脈なくして意味なし」というくらいに思っておいたほうが、トラブルを避けられるでしょう。

上機嫌の作法としての「SNS断ち」

インターネットの危険性について、いろいろな側面からお伝えしてきました。結局のところ根本の問題は、インターネットは気軽すぎるがゆえに人々がマナーを忘れてしまいがちということです。

ここで第1章の最初のメッセージを思い出しましょう。

現代では「職業としての上機嫌」が求められている

第1章では、不機嫌を人にさらしている状態は、いわば「裸の王様」であるという話もしました。

リアルな社会でも、上機嫌という服を着るのを忘れて不機嫌をさらしている人は少なくないのですが、不思議なことにネット上ですと、その割合が格段に増えます。ＳＮＳを使うと家の中で寝転んだ状態で簡単に情報発信できるので、「家の中で一人だし裸でもいいか」と気が緩みやすいのです。

しかし、いくらあなたが物理的には家にいようと、そこで発信されたつぶやきは家の外にいる多くの人の目にふれ、下手したら間違った文脈で拡散していきます。そんな場所で、自分の不機嫌をまったく抑えずにふるまえば、それはもう丸裸で人に接するのと同じなのです。

「匿名だし……」と思っている人もいるかもしれませんが、今は法律が改正され、名誉毀《き》損《そん》を訴えたい人が個人情報の開示を求めることもかなり容易になりました。たとえ本名を出していなくとも、顔も名前も特定されているくらいの心構えでいるのが安全でしょう。

ちなみにもっと強力なＳＮＳ防御術があります。

それは「ＳＮＳから距離をとる」ことです。

ＳＮＳを活用しているみなさん、最近の生活を思い返してください。

朝目が覚めたらＬＩＮＥのメッセージが来てないか確認して、フェイスブックのコメントをチェックして返信をして、ツイッターで「今日寒いな～」なんてつぶやいて、タイムラインに流れてくるネットニュースを斜め読みして。

会社に行ってからもトイレ休憩の合間にＬＩＮＥの着信が来てないか確認して、ツイッターに「今夜何食べようかな～」なんてつぶやいて、フェイスブックで他人の投稿に「いいね！」して。

通勤時間にもやっぱりＳＮＳをチェックして寝る前にもメッセージを送り、休日も朝起きて布団から出ずにスマホをいじっていると、午前中が終わっていて……。

おそらくあなたが自覚していた以上にズルズルと、インターネットに時間を割いているのではないでしょうか？

ネガティブなインプットを長時間続けることは、こころにもからだにも悪影響を及ぼします。

そもそも忙しいというのもあるのですが、私はＳＮＳをやらないほか、エゴサーチ――自分の名前でネット検索をしたり、アマゾンの自著レビューを見たりすること――を自分に禁じています。インターネット自体は活用し、いろいろなものを見て仕事の参考にしているのですが、自分にまつわる情報は避けるように徹底しているのです。これだけでも驚くほどおだやかに過ごせています。

静かに暮らすために情報遮断が有効だというのは、かつてあのアインシュタインも言っていたことです。彼は有名な相対性理論を発表してから、スーパースターになってしまいました。自分の一挙手一投足が注目され、言っていないことまで新聞で取り上げられてしまうようになった彼はそれで大変疲労したようで、「自分は権威を否定したために、自分が権威者になるという罰を受けた」という言葉を残しているくらいです。

たしかに朝起きて楽しいメッセージが来ていたり投稿に「いいね！」がついていたりすると、「今日もつながっているな」と周囲との結びつきを感じて安らかに過ごせるという人の気持ちはわかります。費やしている時間に見合う安定を得られているし、自分はSNSとバランスよく付き合えている、と断言できる人は問題ありません。

しかし次に当てはまる方は一度思い切って「SNS断ち」をしてしまうのも手です。

- **「既読スルー」を気にしてしまう人**
- **寝る前に1〜2時間もSNSやネットサーフィンをしてしまう人**
- **「いいね！」がないとがっかりする人**
- **「炎上」を見かけると、話題をさかのぼってネガティブなコメントを眺めてしまう人**
- **毎日「なんだか時間がない」と感じている人**

こうした人は、すでにＳＮＳとの付き合いのバランスを欠いていて、その後に慢性的な不機嫌を生み出す温床になりかねません。

もちろん今の世の中どうしてもＬＩＮＥやフェイスブックをやらないと人間関係が回らないという部分はあるでしょう。しかし、身体の調子をととのえるために断食をする人がいるのと同じで、二～三日だけでもＳＮＳ断ちをしてみると、ずいぶん心の調子が変わるのです。

もっとも今は友人関係だけでなく、職場の細かいやりとりでもＳＮＳを使っている人が多いご時世です。周囲と何かしらの予定を一緒に進めるために、どうしてもＳＮＳ断ちができないという人もいるでしょう。

まずは、使うSNSを絞ることから始めてみましょう。ＬＩＮＥもフェイスブックもツイッターも……と、なんにでも手を出していると時間はいくらあっても足りませんが、一つだけと決めればだいぶ状況は変わります。さらにそのＳＮＳのなかでも、緊急性の高い連絡だけに返信をするようにする。返事をしてもしなくてもいいようなトークの続いているＬＩＮＥグループなどは、思い切って通知を切ってしまってもいいでしょう。

大学生に話を聞いていても「所属するＬＩＮＥグループが増えていって、だんだん疲れてきた」という人が山ほどいます。コミュニケーションは思いのほか精神力を消耗する営みですから、それらすべてに対応していては疲れてしまって当然なのです。

インターネットは現代人が「情報のシャワー」を浴びられる場ですし、最新の情報や深い情報を得て、世事をキャッチアップすることは、現代人の教養に不可欠です。しかしインターネットやＳＮＳ抜きでは暮らせない世の中だからこそ、一度そこから離れてみて、必要な情報の取捨選択ができるようになることも大切です。

とりわけ研究者や作家など、自分の中で考え抜いたことを形にする仕事をしている人にとってＳＮＳは諸刃《もろは》の剣です。自分の考えに対するさまざまな示唆を得られる素晴らしいツールである一方、良い成果を出すために不可欠である、外部からのインプットを遮断して自分の考えだけに全身を集中させる時間を奪うことになりかねないためです。

「一日一字を記さば一年にして三百六十字を得、一夜一時を怠らば、百歳の間三万六千字を失う」という吉田松陰《よしだしょういん》の言葉があります。電車に乗ると、あまりにも多くの人がスマートフォンの画面ばかりを眺めていて、本や新聞を読んでいる人はほとんどいなくなってしまいました。たしかに10～20分ほどのスキマ時間ですと、本や新聞よりもスマートフォンをいじるほうが手軽ではあります。しかし、一日で考えると数十分であっても、毎日積み重なれば何十時間にもなります。その間にスマートフォンをいじるのをやめ、買ったものの放置していた本などをちょっとずつ読み進めるのはいかがでしょうか？　あなたが思っているよりも、きっと心の平穏に効果があるはずです。

これは、第1章でもお話しした「事態を客観的に把握し自己をコントロールする訓練」の一つでもあります。便利にコミュニケーションできる時代だからこそ、自分の立ち位置を見つめ直す作法を学びましょう。

第3章　からだをひらけば不機嫌は解消する

不機嫌は、誰だってなおせる

第1章では不機嫌の根本的な問題を、第2章では現代特有のインターネットにまつわる不機嫌の話を、お伝えしてきました。

第3章、第4章ではいよいよ不機嫌をなおし上機嫌にいたる「上機嫌の作法」そのものをご紹介していきます。

本章の冒頭で改めてお知らせしたいのが、不機嫌は誰にでも、いつからでも克服できる「状態」であるということです。

おさらいしましょう。機嫌とは、人の表情や態度に表れる快・不快の状態です。もちろん厭《いや》なことがあれば不機嫌に向かい、いいことがあれば上機嫌に向かう、というのは人間の自然な性質です。しかし自然に身を任せて生きていると人間は易きに流れ不機嫌な状態に固定されがちです。

不機嫌だとなんとなく人に言うことを聞かせられる気がするし、知的な気がするし、気を遣わなくてよくてラク、という無意識な誤解があることは第1章でお話ししました。この誤解に従って生きていると、次第に周囲から敬遠され、本当の自分の実力を発揮できなくなり、人間として最低限の礼儀も欠いているという最悪の事態が発生。そこに「老化」による不機嫌が追い打ちをかけるとなれば、取り返しのつかない悲劇が発生します。

しかし不機嫌は「性格」ではなくあくまで「状態」です。心がけを見直してワザを身につければ誰だっていつだって「不機嫌の芽」を摘み、からだを上機嫌モードにし、不機嫌に染まりにくいこころを鍛えることができます。

なぜ私がこんなにも不機嫌に厳しいかというと、私自身が、30代の序盤まで「不機嫌モード」を続けてしまい、非常に損をしたと思っているからです。詳しくは第５章でお話ししますが、当時は本当に厄介な人間で、周囲にもだいぶ迷惑をかけました。上機嫌を習慣づけてからはそのメリットをおおいに実感し、自分の「状態」が、仕事での高パフォーマンスや対人コミュニケーションの円滑さにつながるということを、日々強く噛《か》み締めています。

若い頃の無意味な不機嫌さの余波がボディブローのようにあとあとに効いてくることもあります。だからこそ学生には「無意味な不機嫌さ、無意味なシャイさが、君たちの成長を妨げます」と真剣に伝えています。おかげで学生からは「４年間授業を受けてきましたけれど、先生は一貫して上機嫌でしたね」と感心され、昔の友人からは「いつからそんなに上機嫌になったの？」と驚愕《きょうがく》されるほどの「上機嫌マスター」となりました。

私にとって上機嫌への転機は、教育者として人前に立つようになったことでした。相手にこちらの言うことを聞く気にさせるにはつねに上機嫌であることが肝要だと思い至ったのです。こうして、気分の波を制御し、いつでも上機嫌モードで人に接するよう自分に習慣づけました。

目指すべき上機嫌とはどんなものでしょうか？「上機嫌」という言葉を聞くと、「おちゃらけてハイテンション」という先入観がある人も多いかもしれません。それも一つの上機嫌の形ではありますが、別に上機嫌とハイテンションは必ずしも結びつきません。

人間の状態は、以下の４段階に分かれると私は考えています。

■１段階目・すごく不機嫌
■２段階目・ゆるく不機嫌
■３段階目・おだやかな上機嫌
■４段階目・すごく上機嫌

「おちゃらけてハイテンション」というのは「４」のようなタイプです（若い方には「パリピ」や「イベサー」のタイプの方々、というと伝わるでしょうか）。

つねにエネルギッシュでいられるのは素晴らしいことですが、周りから見ているとちょっと気疲れしてしまうところはあります。

初心者は「おだやかな上機嫌」を目指すのが一番です。

「おだやかな上機嫌」をイメージするときに、わかりやすい存在があります。それは半跏《はんか》思惟《しい》像です。

「半跏思惟」とは仏像の像形の一つで、台座に腰をおろし、一方の足を曲げてもう片方の足の膝頭《ひざがしら》に載せ、右手を曲げて指先を頰に近付けて思索にふけっている姿を指します。日本だと、京都太秦《うずまさ》にある広隆寺《こうりゅうじ》の弥勒菩薩《みろくぼさつ》が有名ですね。丸みをおびたやわらかな微笑みをたたえ、全身からもほどよく力が抜けていて、「安らか」という言葉がふさわしい姿をしています。

まさにあれが、私の言う「おだやかな上機嫌」です。

おだやかな上機嫌は、次の四つの要素から成り立ちます。

・**自己を客観的に見つめ、コントロールできる**
・**他人を気遣い、場の空気を読む余裕がある**
・**からだがしなやかで、オープンな雰囲気がある**
・**こころが内にこもらず、自分を笑い飛ばす器量がある**

これはもっと言えば「感じがいい」人と表現することもできます。無理に口角を上げた、型にはまった笑顔で相手と向き合うのではなく、柔軟な会話のやりとりができて、相手の言葉に瞬時にリアクションが取れる、こころとからだがひらいた「オープンマインド・オープンバディ」の体勢をとれていることが理想です。

機嫌は、人間のトータルな存在が醸し出す雰囲気です。今すぐ「なるほど」と思えなくても、この本を読み終わる頃にはきっとあなたも「ああ、これが上機嫌か」と体感できるはずです。

それでは、「からだを上機嫌モードにする」方法からお伝えしていきましょう。

現代人のからだは、硬くて冷たい

機嫌について「気分」「状態」という言葉を使うと、「気の持ちようじゃないか」と精神論ばかりで頑張る人がいます。しかし、気分や状態のベースをつくりだしているのは、からだです。

人間の三大欲求を思い出してみてください。食欲、性欲、睡眠欲ですよね。この三つはどれもからだが本質的に求めているものですが、これらの欲求が満たされると、自ずと上機嫌に近づきます。満たされたからだというのは、いわば上機嫌のインフラのようなものです。からだの欲求を満たしてあげることが、上機嫌の必要条件です。

実は、この三大欲求の裏には、共通する一つの欲求があります。それが「温まりたい」というものです。

人間は、周囲の温度に左右されずに自分の体温を保つことができる恒温動物であり、体温を保ち、日々の活動を行うために日々大量の「熱」を必要としています。コンビニやスーパーマーケットで食品を買うと、裏面に、成分の他にカロリーが書いてあることが多いですよね。食べ物を摂取するのも、食べ物により得たエネルギーを熱に変換するためです。人の場合、エネルギーの75％以上が体温の維持に使われています。「温まりたい」が、人間のからだにとってとても重要な欲求であることがおわかりいただけたでしょうか？

今の時代、私たちは暖まった場所に恵まれています。エアコンはほとんどの施設に設置されており、冬でも「部屋の中が暑すぎる」と言って薄着で過ごす人も増えてきました。

一方でこの数十年の間に日本人の平熱はどんどん下がっているようです。戦後すぐに行われた調査では、36度台後半～37度台前半が日本人の体温のスタンダードでしたが、近年は平熱が35度台～36度台前半という「低体温」の人が増えているとも言われています。

女性の場合「冷え」はさまざまな婦人系の疾患に結びついていると言われていますし、低体温の人は疲れやすいという説もあります。実感としても体が冷えた状況で機嫌よくふるまうのは難しいものがあります。冷えはからだ全体の流れの悪さにつながっており、血流が滞ることで、からだのあちこちの調子が悪くなります。気づくとこころの余裕もなくなって、人に対する寛容さが失われていくのです。

エール大学とコロラド大学との共同研究で、被験者の半分に温かいコーヒーカップを持たせ、残り半分に冷たいコーヒーカップを持たせてから、彼らの知らない人物Xについての情報を聞かせ、Xの性格を評価させるという実験が行われたことがあります。

この実験では温かいコーヒーカップを持っていた人たちのほうがXに対して寛容な評価をしました。この実験を行った教授は「からだが温かくなると、他人が温かく見えるだけでなく、私たち自身も心が温かくなる」という主旨のコメントを残しています。手に温かいものを持つだけで、人は機嫌よくふるまえる可能性があるのです。

きちんと栄養をとらず運動をせず冷えていったからだは、全体が淀《よど》み、不機嫌になっていきます。

私自身、不機嫌な頃を振り返ると、自分のからだが硬く冷たかったのを思い出します。運動部だったので適度に身体を動かす習慣はあったのですが、平熱が低くて新陳代謝が悪かった。朝起きるのが本当に苦手で、頭ばかりが回転して身体がついてこないと感じ、もどかしいときもありました。

これは良くないと思い、20代の頃はヨガ、自律訓練法、指圧など10～20種類もの心身技法を学びました。結果、からだの硬さや冷たさをとるということがいかに大切かを実感したのです。

上機嫌なからだは、やわらかくて浮き立っているイメージです。そしてからだの冷たさや硬さは顔の表情に表れてきます。無愛想と不機嫌は異なりますから、表情が硬い人が必ずしも不機嫌というわけではありません。しかしやはり生き生きと顔の筋肉を動かせない人は、からだ全体に「不機嫌のもと」をかかえている確率が非常に高いのです。うまく笑えず気難しい顔になっている人を調べると、みぞおち、肩甲骨、首まわりが硬くなっており、手足も冷えていることがほとんどです。

そんなときは、まず腕を上にあげてストレッチし、大きく息を吐きます。そうして肩甲骨をぐるぐると回してもらい、ほぐして、からだ全体を揺さぶると、顔が生き生きとしてくるのです。ここからのお話も、基本的にはからだの「温まりたい」という欲求を満たすためのものだと覚えておいてください。

からだの状態は、場の雰囲気を支配する

さて、からだの状態は一人ひとりの問題ではありません。からだの状態が気分のあり方とセットになっているという話は再三しましたが、実はからだの状態は、場の雰囲気とも侵食しあっているのです。

陽のささない暗い場所や、水まわりの淀んだ場所、モノが乱雑に散らかった場所などに行くと、厭な気分になりませんか？

東洋思想においては、こうしたことは「気」という概念で説明されてきました。

西洋においても「現象学」という学問において気分は考察されています。現象学はモノ

や場所がそこに「当然にある」という前提を覆し、「現象自体を記述しよう」というアプローチをとる学問です。現象学を発展させた哲学者のメルロ＝ポンティは、意識、場所、からだは不可分なものとしてとらえており、からだと場は相互に浸透し、つねに交流しているという考え方をしていました。

第1章で、５００人の中高年男性を相手に講演したときにやりにくさを感じたという話をしました。彼らは根っから不機嫌というわけではありませんが、一人ひとりのからだの硬さ冷たさが５００人という束になってやってくると、私のような「上機嫌マスター」であっても気が重くなります。これは場の空気がからだの硬さや冷たさに侵食されてしまった例です。

からだを皮膚の内部にとどまっているものではなく、空気に発散しているような、外に広がっているものとしてイメージすることで、見えてくるものもたくさんあるのです。

「気遣いをする」
「気を配る」
「気が置けない」

こうした言葉に表れているように、日本には社会全体で「気」を共有する土壌があります。「空気を読む」という言葉もその一種でしょう。まさに、場の空気と個々の人間の雰囲気が侵食しあっていることを前提にした概念です。

500人の中高年男性の不機嫌パワーが場を侵食してしまったように、誰か一人のからだの調子が悪いだけでも、場の空気は淀んでいきます。風邪やインフルエンザは場を通じて人から人へと感染していきますが、不機嫌もまた、場を通じて一人ひとりを支配してしまいます。

逆に言えば、一人ひとりが上機嫌なからだを維持するようにすると、場全体にも良い影響をおよぼすことができます。「その人がいるだけで職場が明るくなる」「面倒な飲み会でも、あの人がいれば大丈夫」という人、あなたの周りにも一人はいることでしょう。

お笑いコンビ「パックンマックン」のパックンこと、パトリック・ハーランさんもその一人です。会話にからだが入っていて、肩甲骨まわりや腕を実によく動かしながら、笑いを交えて場を進めていきます。一般に日本に比べ西洋社会は、からだの動きをコミュニケーションの前提に組み込んでいます。スタジオはパックンのやわらかいからだと、ご機嫌な笑顔により、いつも明るい雰囲気にあふれていました。パックンに限らず、欧米のニュースや英会話番組の出演者を見ると、身振り手振りがやたら大きいと感じるでしょう。イタリアの方などは、とりわけ身振りが大きいように思います。

職場の空気を良くしたい、家族の関係をより親密にしたい、といった気持ちのある方こそ、自分のからだに立ち返ってみてください。

浅い呼吸がもたらす本当の弊害

さて、日本人のからだは、なぜここまで硬く冷たくなってしまったのでしょうか。

たしかに元来日本人は、欧米人に比べると胸をはっておらず、それによって猫背になりがちです。肩こりになりやすく、呼吸が浅くなる姿勢です。呼吸は、からだの奥底に酸素を送り込み全身を満たすとともに、余計なものを吐き出すことでこころに集中とリラックスをもたらすものです。

私は長いあいだ「腰腹《こしはら》文化」という表現を使い、呼吸の大切さと、日本人は元来その作法を身につけていたことを説いてきました。深い呼吸はみぞおちをやわらかくし、腰と腹をどっしりと構えさせます。これにより人間の自然な自己調整能力が高められ、ちょっとの不調や多少の気分のゆらぎに左右されないからだの基盤ができあがるのです。

人間には、ここぞというときに緊張する性質があります。練習を重ねてきた部活の試合、一世一代の就活の面接、出世がかかった大事な取引先へのプレゼン……。緊張して頭が真っ白になり、思っていたパフォーマンスが出せなかった経験は誰にでもあるでしょう。

私自身もあります。大学入試のときに、数学の試験が始まった途端、「あ、これは大変なことが起こっている」と頭が真っ白になりました。どの問題を見ても「いけるぞ」という感覚がわかず、何から手をつけていいのかすらわからなかったのです。「ええっ！」と気が動転してしまい、時間だけが過ぎていきました。途中で何とか気持ちを切り替えて解答し始め調子が出たのですが、時間切れで終了。大失敗しました。

以来「人間は緊張するとパニックに陥る。気分をコントロールする術《すべ》を身につけねばならない」と切実に思うようになりました。勉強でもスポーツでも仕事でも、重要な場面で実力を発揮するには、リラックスしていることが必要なのです。

ここで、いつでも誰でも簡単に、気分を切り替えてリラックスできる究極の方法をお伝えしましょう。

それが呼吸です。

人間は、ただ息をしているだけではなく、呼吸をコントロールすることができます。

「一息入れる」という言葉がありますが、まさに呼吸によってからだをコントロールし、生きることに一つひとつ区切りをつけているのです。

東洋では、呼吸の中でも「吐いていく」ところが大事とされています。内部の汚れたものを吐き出すことでからだがフラットな状態に戻っていく。息を吐くことで自分の内部の邪気は捨てられ、身体機能が働きやすくなります。死を意識することによって、生が豊かになるのです。しかも息を吸ったり吐いたりすることに集中すると、細々《こまごま》としたどうでもいいことを考える暇がなくなります。

こころが平静で何にも振り回されず、気持ちのよい状態にするには、深い呼吸を行って、からだ全体の「気」を循環させることが大事なのです。

私は先ほどご紹介した出来事をきっかけに、呼吸法について研究するようになり、その重要性を学んでいきました。

その過程で、日本人が現代特有の二つの習慣によって、「深い呼吸」を妨げられていることに気づきました。

一つ目が「長時間のデスクワーク」です。

深い呼吸をするには、からだの奥底まで吸気を送り込み、奥底から呼気を出す必要がありますから、自然とそれに適した姿勢が求められます。ところがどうでしょう。デスクワークをしているとき、人はオフィスチェアに座って前傾姿勢でパソコンに向かいます。首が前に傾き、背中から腰のラインが前にカーブします。これでは息がからだの奥底まで通ってはいきません。そのうえ目が非常に疲れますから、その疲労が首、さらに全身へと下りてきて、からだ全体が凝り固まり、深い呼吸を妨げてしまいます。

残念なことに、日本人は世界でも有数の「座りっぱなし」の国だという調査があります。その調査では日本の成人の一日の座位時間は平均7時間とされ、世界20カ国のなかで最長になっています。

座りっぱなしには呼吸の浅さ以外にもさまざまなリスクがあり、一日11時間以上座っている人は、4時間未満の人に比べ死亡リスクが40%高まるという研究結果もあります。

二つ目が「ながらスマホ」です。

第2章でもお話ししましたが、電車でも街でも、驚くほど多数の人々がスマートフォンに夢中になっています。そのときの姿勢ときたらどうでしょう。だいたいの人が胸のあたりでスマホを持ってデスクワークのとき以上にうつむき、肩が前に出てちぢこまり、腰をかがめて、小さな画面を凝視していきます。肩が前に出ることで胸が閉じてしまいますから、当然呼吸は浅くなります。疲れやすい姿勢ですから気持ちもどんどん鬱々《うつうつ》としていきます。

そのうえスマホばかり見ているときの人間というのは、現実の空間で周囲にいる他人に対して、あまりにも無頓着《むとんちゃく》になります。歩行中にスマホばかり見つめていて他人にぶつかってしまう人は少なくありません。公共の場にいるのに「個」に没頭してしまうと、自分の機嫌に無頓着になるだけでなく、周囲に不快感を与える原因ともなります。

第２章でインターネットがいかに機嫌に悪影響を与えるかを切々と語りましたが、「ながらスマホ」もまた現代社会の大きな弊害であるといえるでしょう。

姿勢をととのえ、からだをひらく技術

深い呼吸にとって大切なのは、姿勢をととのえ、からだをひらくことです。ひらかれたからだは、呼吸に限らず、さまざまな循環をもたらします。循環が起きるからだは、外界と開放的につながり、上機嫌にととのいます。

はじめに、正しい姿勢を覚えること。私がおすすめするのは「アレクサンダー・テクニーク」と呼ばれる身体技法です。

頬杖《ほおづえ》をついて、ラクだなと思う姿勢をとってみてください。そこから、一つずつからだの部位をチェックするのです。首、肩、腕、腰……注意深く感じていくと、余計な力が入

っている箇所が見つかるはずです。

「本当にこの力は必要か？」

「ちょっとゆるめるとどうなるだろう」

と点検していくと、必要最小限のからだの支え方がわかり、姿勢がととのっていくというのが、この身体技法です。からだが不必要に行っている無意識の動きを取り除き、人間に生来備わっている本来の調整作用を活性化するという思想の技法で、交通事故後のリハビリテーションなどにも取り入れられています。

まずはデスクワークのときの座位を見直してもらえればいいと思いますが、実は寝ているときや立っているときの姿勢も大切です。自分ではリラックスしているつもりでも、肩や首筋が余分に上がり、こわばっていることは多いのです。膝は少しゆるめ、体重は両脚に均等にのせて、重心を中心軸に置きましょう。アレクサンダー・テクニークにおいて、理想の姿勢は「上のほうに伸びるからだ」と表現されます。

もっとも、正しい姿勢をつかんでも、長時間一定の体勢で過ごすなかでからだにはだんだん余計な力が入ってしまいます。そこで重要なのが「からだをひらく」ことです。デスクワークやながらスマホで前へ前へ閉じてしまったからだを、こまめに修正するのです。

長時間デスクワークをしている人にぜひやってほしいのが、デスクワークの合間に立ち上がって、肩甲骨をほぐして全身を揺さぶるということです。

私は授業中にも、学生に「全身をほぐす」作業をしてもらうようにしています。腕を上げて右左に伸ばしてもらったり、その場で立ってもらって軽くジャンプしてもらったり。これをするだけで、授業中の彼らの反応はまったく違ったものになります。

「野口体操」で知られる故・野口《のぐち》三千三《みちぞう》さんは、「上体のぶら下げ」という方法で、上半身の無駄な力を抜く方法を提唱しています。

> 両脚をわずかに左右に開いてすっきりまっすぐ立つ。ついで上体を前下にぶら下げる。両膝は伸ばしたまま。ぶら下げはだらしない感じとは違い、自然の重さに任せきった、のびのびとしてやすらかな感じ。ぶら下げたままで静かに横隔膜呼吸をしていると、だんだん深くぶら下がってゆく。
>
> （『原初生命体としての人間』岩波現代文庫）

その状態で、脚や腰に軽くはずみをつけて、上下左右に揺すってみるというのが「上体のぶら下げ」です。これによって、不必要な緊張状態がほぐれ、いわばからだの中が液体化するのです。

私が20代の頃編み出した訓練でなかなかおもしろかったのは、「丸太かかえ」です。仰向けになって、大きな丸太を胴の前で両手にかかえているようなイメージで、腕を円形に上げてみる。普通は次第に手が疲れて落ちてきてしまうのですが、そこに丸太があると思っているだけで、なぜか長時間続けることができます。

ポイントは両手の指の先端をちょっとだけ重ねることです。「手持ち無沙汰《ぶさた》」という言葉がありますが、不安定な人やネガティブな人というのは、その心もとなさが手の所在のなさに表れていることが多いんですね。手を組んだり合掌したりするというのは、実は手を落ち着かせることにより、からだとこころを「一つ」にし落ち着く効果があります。このことは私の研究論文でも取り上げました。自分が「一つのまとまり」として存在しているという意識を持つと、「からだをひらく」というイメージもわきやすくなるはずです。

こうした見方をすると、ラジオ体操はきわめて合理的な運動といえるでしょう。腕をまわしたり胸をそらしたりといった、全身をやわらかくし「からだをひらく」のに有効な動作がたくさん詰まっています。工場では朝礼の際にラジオ体操をやるところも少なくありませんが、デスクワークの会社でこそラジオ体操を取り入れてみてはいかがでしょうか。

機嫌をととのえる「三・二・十五」の法則

からだの基本姿勢がわかったところで、いよいよお伝えしたいのが「呼吸」のメソッドです。

日本人は本来、呼吸が得意な人々です。というのもしっかりとした姿勢で腰や腹を据え、横隔膜を使った腹式呼吸をからだに定着させていたから。前述した「腰腹文化」です。火を起こす、水を汲《く》む、土を耕す、稲を刈る、薪《まき》を割る、重いものを担ぐ……。日常生活の一つひとつの動作が腹式呼吸に結びついていました。そのうえ、日本人にはつねに正しい姿勢をサポートしてくれる強い味方がいました。それが和服です。

かつては多くの人が深い呼吸を身につけていました。「肚《はら》」は、身体の腹とともに、人格的な落ち着きを意味する言葉で、かつてはよく使われていました。「胆力がある」「肚が据わっている」といった慣用句があります。肚は、深い呼吸とセットになった概念です。

深い呼吸とはどんなものでしょうか？　理想は、赤ちゃんの呼吸です。赤ちゃんが寝ている姿は実に自然です。呼吸でからだ全体が大きく波打つように上下するのを、みなさんもご覧になったことがあるのではないでしょうか。

まずは自分の呼吸の波に、自分をゆだねてみましょう。お腹で息を意識しながら、自分の自然な呼吸の波を感じ取ります。このとき途中で息を止めたり遮ったりせず、お腹の動くままに、吸って、吐いてを続けてください。息がゆったり入ってきて、波が頂点に行ったらそれでゆっくり落ちて、吐ききったら上がってくる。呼吸を「感じ取る」ことが大切です。

呼吸の波に乗る際に意識してほしいのが、肚、すなわち臍下《せいか》丹田《たんでん》です。どこか特定の器官を指す言葉ではなく、おへその少し下にあたる下腹部のことです。

東洋医学では、からだの「気」が出入りするところとされて、丹田を使った呼吸が良しとされています。

おへその下の丹田に手をあてて軽くお腹を押しながら「フーッ」と息を吐き続けてみてください。このとき、とにかく長く長く、ゆるくゆるく吐けるように練習してみましょう。すると、最初は15秒くらいしか続かなかった息がだんだんと20秒、30秒と続いていきます。これを毎日やるとだんだんお腹が鍛えられていき、気持ちが落ちつくようになってきます。私が呼吸研究の末にたどり着いた「丹田呼吸法」です。

まさに「胆力が練られる」というのにぴったりな気持ちになり、何事に対しても怖さがなくなってきます。呼吸のときに下腹が使えるようになると、自然と肩の力が抜けるのが人間の身体の性質です。からだ全体がやわらかくひらいて、「おだやかな上機嫌」というべき感覚が、全身にしみわたってきます。

さらに、初心者の方向けにお伝えしたいのが「三・二・十五」呼吸法です。私自身の20年ほどの研究をもとに、数千年の呼吸の知を非常にシンプルに凝縮した型で、「誰でもその場で教えられる、誰が教えても同じようにできる、誰がやっても効果がある」という三要素を満たしています。

やり方はとっても簡単。名前の通り「鼻から3秒吸って、2秒お腹の中にぐっと溜《た》めて、15秒間かけて口からゆっくり吐く」だけです。

三、二、十五を意識することで、人間の呼吸は無理なく深くなっていきます。吐くときほどゆっくり行うのが、呼吸を深くするコツなのです。秒数の長短は多少アレンジしていただいても問題ありません。「15秒吐き続けるのは、ちょっと息がもたない」という方は、10秒にするといいでしょう。普段している呼吸よりも「できるだけ長く、ゆっくり」を意識するだけでも、十分効果があります。長く息を吐くことで、副交感神経の働きが高まり、興奮作用を鎮静化させられるからです。

普段からこの呼吸法を心がけるのがベストですが、「あ、ピンチだ」というときにこの呼吸法を思い出すだけでも、驚くほど心が安らぐはずです。

私が過去に陥った「この問題解けない……」といった瞬間の他、次のような場面でもおすすめです。

・イライラすることがあったとき
・仕事の大事なプレゼンに臨むとき
・長時間のデスクワークで疲労を感じたとき
・会議中、人の話を聞いているのに飽きたとき
・初対面の人に会って、気後れしたとき
・目上の人に会って、緊張しているとき

このように例示していくと、深い呼吸が他者とのコミュニケーションにとっても重要だということがおわかりでしょうか？

会話には「間合い」があります。この間合いは呼吸のリズムと密接に関係しています。**自分の呼吸を意識しコントロールできる人は、相手の呼吸がわかり、間合いがとれる人です。**ひるがえって相手の呼吸がわからないために会話の間合いをつかめていない人に起こりがちな現象を指した言葉が「話の腰を折る」です。

相手がすごく良いテンポで話をしているときには、そこに薪をくべるように合いの手を入れることができ、どんどん話を盛り上げていくことができます。逆に、相手がだらだら話していて、いまいち要領を得ないなと思ったら、自分のほうで一息入れて、頭を切り替え、テンポを変えてみるのもアリです。私も、会議で他人の話が長いようなときは、どれだけ長く息が続くか試す「呼吸遊び」をしたりして、頭のリフレッシュを行います。

呼吸を理解することは、からだの状態をととのえ、自分が上機嫌になるとともに、場の雰囲気を良くすることにもつながるのです。

世界的な上機嫌メソッド「マインドフルネス」

実は今、呼吸法を基礎としたとある上機嫌メソッドが世界的に注目されています。それが「マインドフルネス」です。

マインドフルという言葉は、「目の前のことに本当に集中している状態」を指します。そんなマインドフルな状態——今、ここに全身全霊の意識を向けた状態にからだを持っていく方法をプログラム化したものがマインドフルネスです。怒りやストレスから自由になれるメソッドとして、世界中のビジネスパーソンに着目されており、アメリカ心理学会がストレス対策の柱として推奨しているだけでなく、企業の研修に導入される例も出ています。私は呼吸法の研究を通じて、20年以上前からその効能を説いていたのですが、いよいよそれが脳科学的な観点からも効用が裏付けられ、日本でも多数の関連書籍が刊行されています。

マインドフルネスの本には、マインドフルな状態に至るためのさまざまな心のあり方が書かれています。しかし実は、一番重要なのは呼吸法です。というのもマインドフルネスというのは、仏教用語の「サティ（心に留める）」の英訳で、禅宗の「瞑想《めいそう》」の技法をベースにそこから宗教的な思想を取り除いたプログラムなのです。そして、瞑想でもっとも大事にされているのが、呼吸です。

瞑想とは、お釈迦《しゃか》さまに近づくためのトレーニングです。お釈迦さまほど「おだやかな上機嫌」と「深い呼吸」を実践していた存在はありません。本章の前半で、「おだやかな上機嫌」をイメージする上で仏像をイメージしてほしいと言ったのを覚えているでしょうか？　お釈迦さまは仏の上機嫌に近づくために、呼吸を極めた人でした。学生時代から呼吸法を研究していた私の愛読書の一つであり、マインドフルネスの基礎的なテキストともいえる『釈尊の呼吸法』（村木弘昌、春秋社）に、彼の呼吸の詳細が記してあります。

お釈迦さまが実践していた呼吸法は、「アナパーナ・サチ」と呼ばれています。これはまさに、私が呼吸研究の果てにたどり着いた丹田呼吸法です。息を緩く長く吐くことで、からだ全体が安らぎ、悟りの境地に入っていくのです。

そもそも「悟り」とは何なのでしょうか？　私は、「安らぎをわざとして身につけた状態」だと思っています。どんなものを目の前にしても動じず、苦しむことがない。苦しみの中で代表的なものは、後悔と不安です。この二つは「過去」と「未来」にとらわれることで生まれます。

「過去にこんなことがあった」と考えるから後悔するのであり、「この先どうすればいいのか」と考えるから不安なのです。過去や未来のしがらみから自由になり、こころとからだを「今、ここ」だけで満たしていく。それが禅の精神であり、マインドフルネスの目指すところです。吐いて吐いて吐き出していると、過去や未来への執着もいつの間にかなくなって、現在を生きている自分だけが残るのです。

呼吸をコントロールすることは、他人との間合いをつかみ、場に良い影響を与えることだという話をしました。つまり息には、他者と自分とをつなげる機能があります。その一方で息には、自分と自分を結ぶ機能もあります。深く呼吸をすると、素の自分に集中し、一切のしがらみから解放されるのです。坐禅《ざぜん》とは、もっとも深いところにある自分を感じることなのです。自意識はむしろ薄れていきます。

仏教の影響をおおいに受けているマインドフルネスは、実は日本人にもなじみやすいメソッドです。深い呼吸を身につける際には、ぜひマインドフルネスの「今、ここ」のイメージを持つようにしてください。

また、仏教用語には「執着のむなしさ」「この世のはかなさ」を示して「今、ここ」に目を向けるようにうながす言葉もたくさんあります。

色即是空……この世にあるものは固有の本質を持っておらず、「空」であること
行雲流水……空に浮かぶ雲や流れる水のように、物事に執着せず、自然に任せること
夢幻泡影《ほうよう》……人生は夢や幻、泡や影のようにはかないものであること

ほかにも私が好きな言葉に「天上大風」があります。江戸時代の禅僧で、書家としても知られる良寛が子どもから「凧《たこ》に文字を書いてほしい」と頼まれて書いたもので、書体がリラックスしていて、見ていて上機嫌になれるんですね。ぜひこうした言葉をイメージしながら、深い呼吸に取り組んでみてください。

日本人よ、もっと温泉に入ろう

姿勢、呼吸の話をしてきたところで、思い出してほしいことがあります。からだには「温まりたい」という根源的な欲求があるという話です。姿勢をととのえることも、呼吸をととのえることも、この「温まりたい」という欲求につながっています。

しかしそもそも日本人は、からだを直接温めることのできる文化を持っていました。それが「湯船に浸《つ》かる」というものです。

江戸時代末期に日本を開国するために黒船で訪れたペリーは、あることに驚きました。それは、町民たちが男女混浴を普通に受け入れていたことです。彼は『日本遠征記』のなかに、「下田《しもだ》（静岡）では男も女も裸体をなんとも思わず、互いに入り乱れて混浴している」という記述を残しています。

江戸の街では特権階級だけでなく、一般庶民が日々公衆浴場に向かい、体を洗って湯船に浸かっていたということです。文化5年（１８０８年）の時点で、江戸には５２３軒の銭湯があったという記録もあります。戦後、高度経済成長期を迎えてからは各家庭に内風《ぶ》呂《ろ》も普及し、ますます生活の一部になりました。

日本人の風呂好きの歴史は、日本が火山列島であることに由来します。活火山によって生まれた温泉地が全国各地にあり、あの『古事記』にも温泉が体に効くことが書かれているのです。日本人は神代の昔から、からだの「温まりたい」欲求にこたえてきたのでした。

温かい湯船に浸かると、たいていの人は機嫌が良くなります。全身が温まれば血流が良くなってからだ全体の巡りが良くなり、当然機嫌も上向くのです。日照時間が短く、気温がきわめて低い北欧の国の人たちがサウナを愛好しているのも、それが彼らの心身にポジティブな影響を及ぼしているからです。銭湯や温泉旅行に行くことには、気分転換や行楽以上の大きな意味合いがあるのです。

このところ平熱が35度台～36度台前半の低体温の人が増えてきているようだと述べましたが、これは少なからずの人が毎日湯船にきちんと浸かっていないことも、原因の一つにあるのではないかと考えています。私も「あ、疲れているな」と感じたときは、いつもより長くお風呂に浸かるようにしています。「この調子だともう風呂に入ったほうがいいな」「これはもう、先に風呂に入っておいたほうがいい」など、仕事や機嫌の調子を見ながらお風呂の時間を調整します。私の生活の中では「いつお風呂に入るのか」が非常に重要な命題になっているのです。

多くの場合、21時頃に仕事に一区切りをつけ、湯船でしっかりと体を温めます。サウナに行くことも多く、そのときには水風呂に入って……という温冷交代浴を何度か行うようにしています。家の近くに銭湯などがある方は、ぜひ試してみてください。これをやるだけで一日に良いテンポが生まれ、その後は寝る時間までおだやかな気分で、読書や映画鑑賞といったアクティビティに身をゆだねることができます。

もちろん、お風呂で温まる以外にもからだを直《じか》に温める方法はたくさんあります。

元々体温が低い私は、不機嫌な時代には体温が35度台前半をウロウロしていましたので、あらゆる「冷え」撃退方法を試してきました。

手っ取り早いのが、カイロをお腹と背中に貼る「挟み貼り」。ちょっとみっともなく感じるかもしれませんが、冷え込んだ雪の日などに抜群の効果をもたらしてくれます。

体質自体に働きかけてくれるのは、「からだを温める食べ物」です。

マカ、朝鮮人参、納豆など、効果があると聞いたものは、手当たり次第実食してきました。もはや「からだを温める食べ物マニア」と言ってもいいかもしれません。そうして「冷え」に気を遣うようになってからは、機嫌が改善するだけでなく、風邪も引かなくなりました。思い返せば、不機嫌が極まっているときには、本当に頻繁に体調を崩したものです。やはり、こころとからだは関連しています。

私の場合、続けているのはニンニクとショウガ。この二つは手に入りやすいという点でもきわめて重宝しています。「ちょっと体調がまずいかな？」と思ったら、ニンニクの入った食べ物などで滋養強壮をつけ、ショウガ湯を飲んで、すぐに寝るというのを心がけています。最初から「自分にはこれが合う」というのを見極めるのは難しいですので、一つの食べ物やメソッドに集中するのではなく、テレビや雑誌などを参考にあれこれ手を出してみて、気に入ったものを残すといいでしょう。

「表情」と「声の張り」を変えると、こころもオープンになる

からだの作法をいろいろとお伝えしたところで、再度強調したいのが、第1章でお話し

した二つのメッセージです。

現代では「職業としての上機嫌」が求められている
あなたが上機嫌になれば、周りも上機嫌に変わっていく

なぜこの基本に立ち返るかというと、「自分ではどんなに上機嫌なつもりでも、他人にそれが伝わらなければ意味がない」ということを意識してほしいからです。

では、他人から上機嫌に見えるために重要なのは何か。

それは「表情」と「声の張り」です。

メラビアンの法則というのをご存知でしょうか？　これは、アメリカＵＣＬＡ大学の心理学者アルバート・メラビアンが１９７１年に提唱したものです。メラビアンによれば、人が会話の内容を判断するうえでの材料は、表情や見た目の視覚情報が55％、声やトーンなどの聴覚情報が38％であって、会話の内容自体は７％程度しか参考にされていないのだというのです。実際、「これ美味しいですね」と苦々しい顔で言われれば「あ、これは社交辞令だな」と思いますし、「いらっしゃいませ」と言った店員の声がえらく沈んでいれば、「他の店が良かったかな」と思いますよね。私もタクシーに乗るとき、ドアを開いたときのドライバーの「どうぞ」の一言だけで、「この人は上機嫌」「この人は不機嫌」というのを瞬時に判断しています。

よく「明るい性格の人は会話が得意で、暗い性格の人は会話が苦手」と言う人がいます。しかし性格の明るい・暗いはコミュニケーションとは関係がありません。かつて『人は見た目が9割』（竹内一郎、新潮新書）という本がベストセラーになりましたが、「あの人感じいいよね」「いまいちだよね」といった判断の基準になるものは、まずは表情と声なのです。

性格は変えられませんが、表情と声は訓練次第でどうとでもなります。

先ほども名前を出しましたが、私が大学で教え、今ではテレビ番組でも共演することのあるTBSアナウンサーの安住紳一郎さんは、テレビで見ると明るくて当意即妙な、誰とでも打ち解けられる人のように思えます。しかし彼いわく、「性格的に明るくはない」そうです。つまり場数を踏みさえすれば、誰でも初対面の人の心をほぐして、気心を通じ合わせ、場の雰囲気をなごませられる人になることができるのです。

私はそのことを実感してもらうため、学生相手の授業で、あるオリエンテーションを行っています。

4人一組になってもらい「ここで雑談をして盛り上がってください」と言います。その時々に応じて「自己紹介を30秒でしましょう」「1分間で知的教養にあふれる話をしてください」「英語で好きなものを説明してください」などと課題を出すという具合です。

最初は「可もなく不可もなく」といったふうでやりとりをしている学生たちも、私が、「今度はもっとアメリカンな感じで、『ハーイ！』とハイタッチしてみて」「オー！　グレート！　リアリィ!?　というふうに、英語でリアクションしてみよう」などと提案していくと、次第にからだがほぐれ、テンションが上がっていきます。何度もやっていると、同じ4人のメンバー同士でもどんどん表情が明るく、声も高らかになって、「これから4人でラーメンを食べに行くことになりました！」なんて宣言するくらいに気心が通じ合うのです。

たとえその場限りのオリエンテーションであっても、一度「気心を通じ合わせた」経験、そしてそこで「何を話したかよりも、まずは笑顔と声の張りで、相手にオープンな自分を見せるのが大事だ」という学びを得たことで、学生たちのその後の学習態度もまったく見違えます。

やり終えた学生は直後に「最初は足が震えました」「心臓がバクバクしていました」などと言ってくるのですが、多くの人はこう付け加えてくれます。

「でもクセになりますね」

これは他人にからだをひらいているうちに、自分のこころがついてくるという好例です。自分が不機嫌か上機嫌かというのは、頭で考えるよりも、表情や声の張りをチェックしたほうが、ずっと正確です。

誰かに会う前、会社のドアを開ける前には、鏡を見たり、ちょっと発声したりしてみて、自分の調子を確認しましょう。その時点では表情が硬く、声のトーンもいまいちであっても、一度ニコッと笑ったり「あー」と声を出してリセットすることで、だいぶ変わってきます。別に満面の笑みを浮かべている必要はないですし、全力で張った大声を出す必要もありません。仏像のようにゆるやかに口角を上げ、ソフトだけどさわやかなトーンの声を目指してみましょう。

表情は鏡がないと確認しにくいので、手軽にチェックできるのは声のほうでしょうか。たとえば5段階評価で、

■５点・すごく張りがあって上機嫌
■４点・まあまあ張りがあってそこそこ上機嫌
■３点・まあ普通
■２点・いまいち張りがなくて落ち込んでいる
■１点・全然ダメ、不機嫌がまるだし

などと日々判断してみてください。２～１が続くと感じた人は、そもそもからだが万全の体勢ではないのかもしれません。湯船に浸かってからだを温めたり、丹田を意識した腹式呼吸を続けて発声の基礎をつくったり、この章でおすすめしたからだの作法を組み合わせて実行してみるといいでしょう。

上機嫌マスターを目指したいあなたは、ぜひコンスタントに５か４をとれるようにしてください。「まあ普通」で妥協していては、いつまで経っても上機嫌にはなれません。「５点がとれて初めて、人に会っていい」くらい厳密なルールでもいいでしょう。せっかく上機嫌の「服」を着たつもりでも、袖口《そでぐち》がよれていたり、襟が曲がっていたりしては、台無しですよね。ぜひきっちりした着こなしを心がけてください。

他人と接している間に次の四つを行うよう心がけると、あなたの上機嫌力はグッと高まります。

- **目を見る**
- **微笑む**
- **頷《うなず》く**
- **相槌《あいづち》を打つ**

これらはどれも、相手に対して「リアクションをする」という行動です。つまり相手に対して「あなたの話を聞いています」「あなたにこころとからだをひらいていますよ」という意思表示をするのです。意識してこの四つを行うだけで、コミュニケーションは格段に円滑になります。

初対面の相手の性格が底のほうで明るいか暗いかという点に、他人は普通関心がありません。気にしているのは、この人とこの場で楽しく会話できそうかということだけです。

「ひらいたからだ」は、相手に「この人は楽しそうな人だ」「こちらを拒絶している感じではないな」という印象を与えます。すると、相手も自然と気持ちをひらいてくれるのです。

「人に会ったら挨拶《あいさつ》する」というマナーを子供の頃に覚えたように、職業としての上機嫌を心がけていきましょう。

「上機嫌の筋トレ」を続けよう

からだの作法について話し終わったところで、ここまでの内容を簡単にまとめましょう。

- **不機嫌は「状態」なので、からだの調子をととのえることでも改善できる**
- **目指すべきは心身のほぐれた「オープンマインド・オープンバディ」**
- **慢性的な不機嫌は、「温まりたい」欲求が満たされていないこととかかわっている**
- **からだを温めるには、リラックスした姿勢と深い呼吸が不可欠である**
- **深い呼吸をマスターすると、緊張しなくなり、コミュニケーション力も向上する**
- **世界的なムーブメント「マインドフルネス」も上機嫌に役立つ**
- **昔の日本人のように「湯船によく浸かる」ことも、上機嫌の作法**
- **他人から上機嫌に見えるためにも、「表情」と「声の張り」を見直そう**

いかがでしょう。どれも簡単なことばかりではなかったでしょうか？　ぜひ今日からでも始めてみてもらえればと思います。

何度も言っていますように、上機嫌力というのは、訓練の成果です。訓練というのは、毎日コツコツやるのが大切です。「あ、今日不機嫌になっちゃったな……」と思って、そこで諦《あきら》めないでください。「よし、自分が不機嫌なことに気づけたぞ」と前向きになって、からだをほぐし、深い呼吸をして微笑み、その日の上機嫌を始めればいいのです。

上機嫌力の育成は、ダイエットや運動と同じです。急に10キログラム痩《や》せたり、急にインターハイに出場できたりする人はいません。訓練を続けると、上機嫌の筋力がついていき、だんだんこころの可動範囲が広がり、上機嫌が生活に占める割合が増えるのです。

訓練開始当初は、「人に気を遣っているせいか、なんだか疲れるなあ」と感じる人もいるかもしれません。これは正しい反応です。おそらく最初の頃は、「笑顔をつくりすぎた」「テンションを上げ続けられない」と、1時間くらいで疲れてしまう人も多いでしょう。

人と一緒にいるときに上機嫌にふるまうと、上機嫌の筋力が使われますから、もちろん疲労します。しかしこの疲労は気疲れというよりも筋肉痛に近いものです。

こころとからだが正しく疲労することで、上機嫌を学び、翌日のより良い上機嫌につながるのです。

そもそも私は、現代生活最大の問題は、「適切にエネルギーを消費できていない」ことにあると思います。デスクワークが主流になってたいして疲れなくなった日常の中で、無駄なカロリーばかりをとってしまい、人間としてのエネルギーが出し切れていない。しかもからだがひらいていないので、そのエネルギーが行き場をなくして渦巻き、こころに悪さをしているのではないでしょうか。

なので、運動してエネルギーを使うこと自体も効果的ですが、やはり上機嫌に向けたからだの作法を行うことも大切です。最初は疲れるかもしれませんが、慣れてくるに従って「作法を行っている自分」が当たり前になり、上機嫌の飛距離が伸びていくのです。

そうすると、どうなるか。知らず知らずにたまっていた不機嫌の澱《おり》も、疲労とともにからだから発散されるようになります。きちんと疲労するとぐっすり眠れますから、中途半端なストレスにより中途半端にたまっていたものに効果があるのです。

上機嫌の筋トレは、きちんとからだを疲労させ、エネルギーを発散させるという点でも大事なことです。よくからだをひらき、よく寝て、明日の上機嫌力の源にしましょう。

第4章　上機嫌を保つこころの習慣

オープンマインドこそコミュニケーションの近道

第1章で、不機嫌から上機嫌にいたるための3段階のステップの話をしたのを覚えているでしょうか。

■ステップ①自分の「不機嫌の芽」を知る
■ステップ②からだを上機嫌モードにする
■ステップ③こころを取り戻すわざを身につける

でしたね。

第3章までで、①と②のステップについてご紹介してきました。第4章ではいよいよ「こころをひらくクセ」のつけ方をお話ししていきます。こころとからだは必ずしも厳密に割り切れるものではありませんので、心身両方に効くメソッドもご紹介するかと思います。

私は今までに、「コミュニケーション」や「知性」にかかわるトレーニングの本を数々出してきました。

それぞれの本ではそれぞれの切り口から違ったメソッドを紹介していますが、実はどの本でも、根底に共通してお伝えしているメッセージがあります。

それが「オープンマインド・オープンバディ」であることです。

からだをひらき、こころをひらいた状態でなければ、他人はこちらの言うことを受け入れてくれません。第3章で、人間は会話の内容よりも表情や声の張りで相手を判断する、という話をしたように、どんなに知性を磨いてもこちらが相手にフレンドリーにならなければ、相手があなたの言うことを聞いてくれる確率は格段に下がってしまうのです。

私も長く教鞭《きょうべん》をとる中で、相手にうまく自分の話を伝えられずに反省した経験があります。

ある学生が教育実習の最中に「もうやめたい」と相談に来ました。「自分の能力では厳しいので、最後までできない」と言うのです。教育実習を途中でやめる、という話はなかなかありません。私は彼の今後のことを考えて、負担を減らしながら続けられる方法についていろいろと提案しました。一生懸命論理を組み立てて、また相手の心情を汲《く》み取りながら、手を替え品を替え、１時間近くかけて丁寧に説明したのです。「じゃあ明日実習現場の先生に話をしてね」ということまで同意したのですが……結果は大失敗。彼は、現場の先生に「もう無理」と伝え、実習をやめてしまいました。

これは私がそのときは上機嫌を他人にうまく及ぼすメソッドを十分に身につけられていなかったために、彼を説得しきれなかったということです。どんなに論理的であっても、こちらとしては相手のことを慮《おもんぱか》っているつもりでも、1時間もくどくどと話したら、相手は「はいはい、わかってるよ」と聞き流してしまいたくなるものです。ネガティブな感情に陥ってしまった相手に、ただ「問題に対処する方法」を話しても意味がありません。私も彼も非常に真面目に話し合ったのですが、「真面目」であることが必ずしも効果を発揮するわけではないのです。

では、どうするべきだったのか。

さまざまな学生の悩み相談に乗っているうちに気づいたのは、「具体的な解決は置いておいて、とにかく明るく励ますほうがうまくいく」ということです。

「なるほど、そうすべきだったんですね。自分でももっと真面目に考えてみます」とシリアスな面持ちで帰った学生よりも、「そうか。あんまり細かいことは気にせずやってみます」と明るく笑顔で帰った学生のほうが、結果的に成功するパターンが多いんですね。

その事実を実感してから、学生に相談を受けたときは、手短に、とにかく気分が明るくなる話をするよう徹底しています。

そうやって自分のクセを客観視し、機嫌をコントロールしていくには、やはりからだだけではなく、こころをポジティブにするメソッドが必要です。からだを上機嫌にしても、あなた自身に「上機嫌になるぞ」「あちらにも上機嫌になってもらうぞ」という思いがなければ無意味なのです。

かつての日本は人に対して気を遣うことを徹底的に鍛えてきました。気を遣えない人、話しかけられても挨拶《あいさつ》をしないような人は世間に通用しませんでした。ところが、核家族化がすすみ、家庭内にも気を遣わなくていい相手しかいなくなると、気を遣うというこころの習慣がだんだんと廃れていきました。

人と一緒にいる間は、楽しい時間を過ごせるようにお互い努力するというのは、本来社会人にとって当然のルールです。しかし今の日本では、場に対する責任感、当事者意識が希薄すぎるように思います。第3章でもふれたように、一人ひとりのからだとこころの調子は、場の空気を大きく左右します。場にいる者は、沈滞した空気に対して、当事者としての責任があるのです。

この「当事者意識」を持つことこそが、上機嫌なこころの習慣を身につけるうえでの第一歩です。相手や場が見えていれば、自分につらいことがあったとしても、それがエネルギーとなって、上機嫌にふるまうこともできます。上機嫌は「わざ」なので、どんなシチュエーションであっても実行できます。

あなたの知性を最大限周囲に伝えるためにこそ、上機嫌が必要になるのです。

上機嫌の第一歩は「ふっきる」こと

自分にどんなつらいことや厭《いや》なことが降り掛かっていても、周囲に対しては上機嫌にふるまえる、というのが理想のあり方だとお話ししました。

そのために鍛えるべきこころの習慣は何でしょうか？

それは、ずばり「ふっきる」ことです。

人がイライラしているときというのは、必ず何かに執着しています。「お金がほしい」「あの子とつきあいたい」といった未来への欲望、「あのときああしていれば……」「今からじゃもう遅い……」といった過去への後悔、などがイライラを生むのです。これらの煩悩にとらわれたままでは、からだの調子がどんなに良くとも、機嫌を上向かせることはできません。

第2章でお話ししましたが、インターネットで特定の人の発言に固執して炎上させたり、気に入らないことがあるとすぐに「つまらない」「最悪」といったコメントをわざわざつけて紹介したりするような人も、一つのことに執着して視野が狭くなっている状態です。マイナスなポイントが一点あるときに、「でも他には良いところもあるし」「他の人から見たら良いところもあるかもしれない」と思えるかどうかで、人間の度量は大きく変わってきます。

すべての事柄について「一事が万事」思考を行う人は、慎重なのではなく、単に知性を放棄しているのです。そして不機嫌な人はどうしても「一事が万事」思考に陥りがちです。

自分のなかに悪いイメージがあって、負の力が働くときは、どうやっても気分がすぐれない。それを取り除くためには、執着、思い込み、欲望、嫉妬《しっと》といった、何かにとらわれる気持ちをスパッと断ってふっきることが大切です。

ふっきるために必要なことは何でしょうか？　現実に飲み込まれるままにならず、状況からいったん身を引き剝《は》がすことです。上機嫌な人というのは、自己を客観的に眺め、自分をコントロールできる人です。何かにとらわれている人は自己を客観的に見ることはできませんから、まずは無理にでも自己肯定することで、バランスをとるのです。

自己愛は、上機嫌力において必ずしもマイナス要因ではありません。自分を好きな気持ちと、冷静に突き放して見る視点が共存していれば、それは上機嫌への大きな推進力となります。

執着をふっきり、自分を肯定するのには、主に三つのやり方があります。

■①断言力
■②想像力
■③自分を笑い飛ばす力

順に説明しましょう。

■①断言力

「断言力」は、冷静に現状を認識し、物事を断定することでケリをつけるやり方です。

「これはこういうことなんだ」と現実をはっきり認めて、事柄に対して終結宣言をし、一つの事実として確定、肯定して、次にいく。自分が不幸に感じられるときに、「自分が不幸かどうか」でくよくよ悩むよりは「自分は不幸だ。じゃあどうする？」と、一歩先の問いまで進むのです。置かれている状況を認めることで、問題が定まり、次へのスタートが切りやすくなります。

■②想像力

「想像力」を持つことも、現実をふっきっていく一つの有力な要素です。想像力というのは、現在の状況と違う世界を思い描くことのできる力です。

ビートたけしさんは、ある不祥事を起こして謹慎を余儀なくされたとき、テレビに出演できない期間を、ひたすら絵を描いて過ごしたといいます。絵を描くことで、想像の世界で精神を遊ばせ、つらさや不機嫌さを乗り越えたのです。

気分というのは環境や出来事に左右される受動的なもののように思われますが、想像力があればもののとらえ方が変わり、次第に上機嫌になれるわけです。

■③自分を笑い飛ばす力

もっとも上級なのが「自分を笑い飛ばす力」です。自分をおおらかに笑い飛ばすことができる人は、どんなにつらい局面でも気持ちを切り替え、上機嫌を保つことができます。注意してほしいのが、笑い飛ばすことと自己卑下や自虐は違うということです。後者には、「周囲に認めてもらえないから、自分から勝負を降りてやる」といういじけた気持ちが満ちています。そうではなく、他人も自分も平等に客観視し、「今回はたまたまそれが自分に起きた」ということで笑い飛ばせるのが、一流の上機嫌です。

映画『マッドマックス』で主人公を演じ脚光を浴びたメル・ギブソンが監督をした、『ハクソー・リッジ』という作品があります。沖縄戦を扱った戦争映画なのですが、アンドリュー・ガーフィールド演じる主人公は良心的兵役拒否者のアメリカ人。人を殺したくない、銃を持ちたくないという強い信仰を持った彼が、それでも愛国心ゆえに軍隊に志願する、というところから物語は始まります。

当然、軍は「そんなやつ戦場に連れて行ってどうする」と大揉《も》めに揉めます。抜群の身体能力を持っているけれどどことなくヘラヘラしているように見える彼のことを、みんな遠巻きに眺めている。上官も、訓練中に彼が少し失敗するだけで「お前の縄の結び方はなんだ、二つも大きな輪っかができているけどブラジャーかよ」と罵倒《ばとう》したりします。

しかし物語のクライマックス。死に物狂いで攻撃を仕掛けてくる日本兵たちに翻弄《ほんろう》され、為す術《すべ》もなくなった隊員たちを救ったのは彼でした。たった一人で何十人もの仲間たちを切り立った崖からおろすのですが、そのときに彼が以前失敗し、「ブラジャー」と揶揄《やゆ》された縄の結び方が効力を発揮するのです。

まさに自分を罵倒していた厳しい上官が重傷で動けなくなっているのを、縄で縛って崖からおろすとき彼はこう言います。「ブラジャーじゃないですからね」。生きるか死ぬかの極限で、過去の上官からの仕打ちを水に流し、絶望的な心境であろう上官の気持ちを軽くさせるようなジョークを言った彼は、本当の「笑い飛ばし力」を持った人だと感じました。気になった方はぜひ映画を見てください。

本当のプロに近づける「コーチング」の技術

さて、不機嫌をバネにパフォーマンスを上げる人も、いるにはいます。テニス選手として世界ランキング一位に輝いたことがあるジョン・マッケンローは、現役時代不機嫌が様になり「悪童」と言われていました。とにかく判定が納得いかないときには猛抗議し、審判に対して「お前は世界の悪だ」と言い放ってペナルティをもらったこともあるくらいです。

マッケンローのようなタイプも、たまに見るぶんには楽しいですし、彼のプレー自体は、その暴言とは裏腹に力みのない美しいフォームで、私もずいぶんと参考にさせてもらいました。

しかし私自身が継続して応援したい気持ちになるのは、同じテニス選手でもロジャー・フェデラーのようなタイプです。彼は初期こそ気分の波がありましたが、キャリアを重ねて以降は、勝っても負けても相手を称《たた》え、「こんな試合ができて本当にうれしい」という気持ちを前面に出しています。

テニスのプレー中というのは、多大なプレッシャーにさらされた極限状態です。プレー写真を見ると、まるで仁王のような表情をしている選手も少なくありません。人によってはプレー中にラケットを折ることでストレスを解消しているという人までいます。たしかに一定の効果はあるのでしょうが、観客としては良い気がしません。スポーツというのは今の時代エンターテイメントですから、やはり見ていて気持ちのよいものであってほしいのです。

プレー中のフェデラー（写真提供＝共同通信イメージズ）

それに対しフェデラーがフォアハンドを打っている写真を見てください。弥勒菩薩のような落ち着き払った表情なのです。ミスをミスとして受け入れ、負けを負けとして受け入れる。まさに「おだやかな上機嫌」です。

実は現在、テニス選手のメンタル・トレーニングを参考にした人材開発メソッドが、あらゆるスポーツやさまざまな企業で取り入れられています。

それが「コーチング」です。

自分のメンタルをととのえておける能力は、ビジネスパーソンにとっても仕事の処理能力以上に大事だと認められてきたのです。

コーチングというのは「非指示的（ノンディレクティブ）カウンセリング」の一種です。誰かに指導をするとき、どうしてもたいていの人は一方的に話をすることに終始してしまいます。先ほどご紹介したように、私もかつて学生相手に1時間真面目に「お説教」し続けるという失敗を経験しています。

コーチングは、こちらから何かを話すのではなく、相手の話を聞くことを中心に据え、相手の中から気づきを生み出すというものです。コーチ自身が教えるのではなく、「今やったことについて自分ではどう思った？」「AとBどっちがいいと思った？」と問いを重ね、相手に話をさせて、「良かったところ」を気づかせるんですね。そうするとコーチは「不機嫌な説教」をする必要がなく、部下も自発的に自分の改善点を見つけますから、そのことをすんなりと受け入れられるのです。

元々スポーツ、体育会的な世界というのは教師が生徒を罵倒するのが珍しくないところでしたから、コーチングの発想はかなり画期的なものでした。その源流となったのが、テニスコーチのW・ティモシー・ガルウェイが書いた『インナーゲーム』です。

彼はテニス選手がボールを打ち合っているときの心の動きに注目しました。人間の心のなかには、セルフ1とセルフ2という二つの人格が存在していると考えます。セルフ1はいわば「頭」で、口うるさく批評する存在です。セルフ２はいわば「からだ」で、だまって実行します。試合に臨んでいる選手の心のなかでは、セルフ１が騒いでいます。「それじゃダメだ」「さっきああしろと言ったのに」と、選手の行い一つひとつを批判して、セルフ２を罵倒しているというのです。

この罵倒が自己にストレスを与え、さらなるミスを導いてしまうので、セルフ１の攻撃を黙らせよう、そのために「今、ここ」だけを見つめよう、とすすめたのが『インナーゲーム』です。

第３章でご紹介したマインドフルネスにも、少し似ていますよね。実際『インナーゲーム』は、マインドフルネスと同じく瞑想《めいそう》に重きを置いている「ヨガ」の思想を応用しています。見られている自分と見る自分、今ここに生きている自分と客観的に生きている自分の二者を作り、それを明確にするのが、瞑想でありヨガです。

自分のからだのなかの命令系をストップさせると、精神が安らかになり、身体が自律的な機能を回復する。罵倒の悪循環を断つのが『インナーゲーム』のポイントです。

特に現代人は、セルフ１が肥大化しているように思います。自分の能力に知らず知らずのうちに制限をかけて、ストレスや神経症的な葛藤《かっとう》をかかえている。そうして、潜在能力が抑えつけられ、本来のパフォーマンスが発揮できずにいます。

元陸上競技選手の為末大《ためすえだい》さんは、「今の現代人は自分の絶好調を知らない」ということをよく話されています。これはその通りで、「ベストな状態」というのを知らず、今の状態が上限だと思いこんで、ストレスフルな現状を受け入れている人が大半です。

いきなり最高潮を目指す必要はありませんが、まずは「自分を罵倒する自分」をからだから追い出してみるのも、上機嫌への一歩になります。

「一定の状態」を保つという職業倫理

上機嫌を目指すうえで、「ふっきり上手」「絶好調を知ること」と同じくらい大切なことがあります。

自分をつねに「一定の状態」に置くという意識です。

どんな仕事でも、どんな作業でも大切なのは集中力です。では集中し続けるためには何が必要か。それこそが、自分を一定の状態に保ち続ける技術です。

一部のアスリートを除いて、たいていの人の仕事は数時間連続して行うものだと思います。その中の数十分だけ全力のパフォーマンスをして、あとは力尽きてしまう、というのでは、多くの仕事は回りませんよね。生産性を上げるためには、集中状態を長く続けなければなりません。ずっとクライマックスのパフォーマンスを続けることは当然できませんから、ちょっといい感じの状態をずっと続けていくイメージです。

私がここまで「おだやかな上機嫌」を推奨してきたのも、一定の状態が重要だと考えていたからです。全力の上機嫌を一時的に達成できても、残りの時間不機嫌だったら意味がありません。メンタルの上下がない、平らかな状態を維持するためにも、おだやかな上機嫌を目指すべきです。

一定の状態を保てるのがプロフェッショナルだ、というのを私に教えてくれた人がいます。

その人は駿台予備校で教鞭をとっていた伊《い》藤《とう》和《かず》夫《お》先生。１９９７年にお亡くなりになりましたが、『英文解釈教室』、『ビジュアル英文解釈』といった英語参考書のベストセラーで知られ「受験英語界の神様」の異名もあります。

駿台予備校に通うなかで、私はたくさんの個性的な教師に出会いました。しかし伊藤先生だけが特別だったことがあります。それは習っている1年間の授業に、必ず同じ型の服を着てきたことです。伊藤先生は夏も冬もまったく同じ型のシンプルな白いシャツを着続けて授業を行っていました。

一体どういうことなのだろうと思っていたところ、あるとき先生が言いました。

「私は自身の職業的な倫理観から毎回同じ服を着ています。自分の気分の上下を授業に持ち込まないためです。私も人間だから一時的な気分の上下はあるけれど、それは君たちには関係のないことだから、一定の状態で接するんです」

たしかに先生は一年中つねに声を荒げることなく一定の口調で、いつも緊張感のあるクリアな状態で、適度にジョークも交えながら授業を行っていました。1年間どんな日も、教室をおだやかな空間として維持したのです。

当時の私は「知性とはこういうものなのか」と感じ入りました。そうして自身が講義に臨むようになってからも、伊藤先生のポリシーを守り、一定の状態を保つ工夫をしています。教師の気分の上下動は学生のモチベーションにも影響するからです。

ラグビーの五郎丸歩《ごろうまるあゆむ》選手は、プレースキックを蹴《け》る前に必ず、体の前で両手を組んで精神統一をはかる「五郎丸ポーズ」をとっていたことで、話題になりました。あれもまた精神を一定の状態に保つ工夫です。からだの「ルーティン」がこころの状態の維持にも影響するということは、行動科学の観点からも認められています。

「バスケの神様」と呼ばれたマイケル・ジョーダンは、大事な試合の当日に高熱を患い、一人で立つこともままならない状態に陥ってしまいました。医者からも「試合に出られる状態ではない」と言われ、寝込んでいた彼でしたが、試合の直前になったらベッドから起き出し、44分コートに立ち続けて38得点を獲得、チームの勝利に貢献しました。試合の大勢が決まった試合終了間際にジョーダンが盟友・ピッペンに支えられながら退場する様子をうつした写真が、今も残っています。どんなに具合が悪くても脅威の精神力で「一定の状態」を保ち成果を出す。マイケル・ジョーダンは真のプロといえるでしょう。

当然ながら私たちはマイケル・ジョーダンほどの天才ではありません。体調がどうにもままならないときは、おとなしく家で休むのが一番です。しかし彼らの伝説から学べることはあります。自分がその日、実はものすごく厭なことに遭遇していたとしても、あるいはものすごく体調が悪かったとしても、仕事で接する人たちにとっては関係ありません。休んで家にいるというならともかく、仕事に出てきた以上は、「気分を抑えることは職務」と心得て私的な不機嫌を抑え、一定の状態で他人に接するべきです。

そうした「気持ちの張り」を持っているだけでも、からだとこころのパフォーマンスはまったく変わってきます。毎日放送しているテレビ番組にレギュラー出演していたときに身をもって知ったのですが、「これは体調を崩せないぞ」ときちんと気合を入れていると、不思議と健康が保てるということでした。そのぶん長期の休みに入った途端に大きな風邪を引く、ということもありましたが、「病は気から」ということを実感するできごとでした。

プロが活用している「切り替えスイッチ」

このように多くのプロは自分を一定の状態で維持しています。そして、普段不機嫌を出さないための「切り替えスイッチ」を持っています。これは先ほどお伝えした「ふっきり」の一種でもあります。決まったスイッチを用意しておくことで、現状のストレスから自分を切り離し、「今、ここ」に集中できる体勢をととのえるのです。

いろいろな手法がありますが、一番手っ取り早いのは「食」でしょうか。

「ちょっとテンションが低いな……」というときに、とびきり好きなものを昼食に食べることにする。これだけでもその後のパフォーマンスが違ってくるはずです。

食をうまく生かしているなと思うのが将棋界です。将棋の対局は、タイトル戦だと一人あたりの持ち時間が9時間におよぶものもあります。勝負がつくまで二日連続で死闘を繰り広げることもあります。一般人であれば10分も持続するかわからない、極限まで集中した状況を長時間続けなければなりません。

そんな彼らにとって重要なスイッチが試合中の食事とおやつの時間です。プロ棋士にとって試合中の食事は、脳をフル回転させるためのカロリーを摂取するという意味合い以上のものがあります。

すでに引退しましたが、初めての中学生棋士であり、今でも「ひふみん」という愛称で親しまれている加藤《かとう》一二三《ひふみ》さんは、対局時の食事では昼も夜も必ずうなぎを注文しました。単に好物というだけでなく「出来上がりの時間をあまり気にすることなく確実に食べられて精もつく」というのがうなぎを選び続けた理由だそうです。ひふみんにとっては、うなぎが集中力ややる気のスイッチになっていたんですね。

私にも授業の際に一定の状態を保つための「切り替えスイッチ」があります。まずは「教室に入る前に2、3回ジャンプする」こと。とにかく授業の最初を機嫌よく始めたいと考えているので、教室に入る前は必ず軽く身体を揺さぶって、心身をほぐしてから授業に臨むようにしています。

「毎回水を用意する」というのも、スイッチの一つです。「教員が授業中に飲み物を飲むなんて」と眉《まゆ》をひそめる人もいるかもしれません。しかし私にとっての授業というのは、アスリートにとっての公式試合のようなもの。水分補給をすることで、最後まで万全のコンディションで駆け抜けられますし、水を飲むタイミングをつくることで、そこでちょっとした「ふっきり」が起き、しゃべりのテンポがととのうという効果もあります。

普通の会社勤めの方が気軽に試せるスイッチとしておすすめなのは、「腕をぐるりと回して、肩甲骨をほぐす」こと。肩甲骨をほぐすとからだが上機嫌になる、という話は第3章でもしました。私は企業研修の講師として呼ばれることもあるのですが、営業マンのみなさんにも「訪問先のチャイムを鳴らす前に、腕を回してぴょんぴょんとジャンプしてください」と伝えています。出社の前に、会議の前に、大事な商談の前に……。肩甲骨をほぐしてちょっと身体を揺さぶると、人間の表情や声の張りは、驚くくらい変わります。

「手の指を反らせる」というのも上機嫌スイッチとして有効です。指を甲の側に一本ずつ反らせてみると、末端の血流が良くなって温まり、いつの間にか気分も上がってくるのです。

幸い現在は多くのプロが自分の上機嫌メソッドについて話し、公にしている時代です。誰か尊敬している人のやっていることを参考にしてもいいですし、ぜひ自分なりの「切り替えスイッチ」を編み出してみてください。

上機嫌の特効薬としての「音楽」

さて「食」よりも手軽で、即効性のある切り替えスイッチがあります。

それは「音楽」です。

人は良い芸術にふれると、リラックスした心持ちになれます。特に音楽は、芸術の中でももっともダイレクトに気分に働きかけてくるものです。イギリスの文豪ウォルター・ペイターは「すべての芸術は音楽の状態にあこがれる」という言葉を残しています。

しかも現代は、スマートフォンを操作すればいつでもどこでも簡単に、そしてパーソナルに音楽が手に入る時代です。通勤通学時間やレポート執筆中、家事の合間など、何かの作業中に音楽をかけている人も多いのではないでしょうか。

作家・村上春樹《むらかみはるき》さんの作品には、非常に多様な音楽作品が出てきます。その中の一つがビートルズの『サージェント・ペパーズ・ロンリー・ハーツ・クラブ・バンド』。ロックの歴史の中でも非常に重要とされる作品ですが、村上さんはこのアルバムを何度もリピートしながら、『ノルウェイの森』（講談社文庫）を書き上げたといいます。

マラソン選手の高橋尚子《たかはしなおこ》さんも、シドニー五輪という大舞台の時に、スタート前にヘッドフォンで音楽を聴きながら軽くステップを踏んでいたといいます。彼女が自分を鼓舞するのに使っていたのは、hitomi さんの『LOVE 2000』。「愛はどこからやってくるのでしょう」という歌い出しがキャッチーな、アップテンポで幸せになれる曲です。そして見事に金メダルを獲得しています。

このように音楽は、こころとからだに同時に働きかけ、仕事の効率を上げてくれるものであり、多くのプロフェッショナルの偉業に一役買っています。

単純に「疲れたら好きな曲をかける」というルールでもいいのですが、私がおすすめしたいのは「シチュエーションにあわせた曲を決めておく」というものです。

私は論文を書いたり本を書いたりしていますので、文章の推敲《すいこう》・校正を行う機会がたくさんあります。重要な作業なのですが、それだけになかなかの集中力が必要となり、後回しにしそうになることもしばしばです。そんなときにかける曲が、スティーヴ・スティーヴンスの『フラメンコ・ア・ゴー・ゴー』。かつてテレビ番組でスペインのサッカーリーグ、リーガ・エスパニョーラを紹介する時に採用されていた曲です。とにかく胸躍る情熱的なリズムで、イントロがかかった途端に、それまで後ろ向きだった気持ちが「よしやるぞ！」という気分になり、今から試合に赴くサッカー選手のように勢い良く、校正作業に突入することができます。『フラメンコ・ア・ゴー・ゴー』は非常に熱く素晴らしい曲なので、授業のアイスブレークでかけることもしばしばです。

他にもいくつかの、仕事がはかどる定番曲を持っています。

■『ビビール・ミ・ビダ』（マーク・アンソニー）

『フラメンコ・ア・ゴー・ゴー』をはじめ、ラテン系の曲には心躍るものが多く、私の上機嫌を非常に助けてくれています。マーク・アンソニーの『ビビール・ミ・ビダ』もその一つ。タイトルの「自分の人生を生きろ」という意味の通り、全編を通して人生を謳歌《おうか》する喜びに満ちた、テンションの高まる曲です。

■『マタイ受難曲』（J・S・バッハ）

季節にあわせて活用する曲もあります。『マタイ受難曲』は、クリスマスの時期の定番です。特に好きなのが、カール・リヒター指揮のもの。キリスト教文化の荘厳さにも思いを寄せながら、気分を高めることで、作業への没入度が格段に上がります。

■『語るなら未来を…』『不協和音』（欅坂46）

昨今のアイドルグループの曲もいろいろ聴いています。欅坂《けやきざか》46の曲は紅白歌合戦で披露された『不協和音《ディスコード》』をはじめとして、一見暗くダウナーなメロディと内容のものが多い。『語るなら未来を…』も「むしろ不機嫌に見えるような……」と思われるかもしれません。しかし「表現としての不機嫌」というのは、私たちの不機嫌を昇華させてくれる効果を持っています。フィクションの不機嫌に共感しきることで、いつの間にか実際の不機嫌が解消されている……というのは往々にしてあることです。かのアリストテレスも、これを「浄化（カタルシス）」と表し、「悲劇」の効能として語っています。

センターの平手《ひらて》友梨奈《ゆりな》さんをはじめとしたメンバーの表情、パフォーマンスには驚くほどの説得力があり、彼女たちが時に叫びながら歌う歌詞には、切実なカタルシスがあります。MVで、ダンスと併せて視聴してみてください。

やらなくてはならないことが目の前にあるのに「面倒くさいなあ」と手をつけられない状態というのは、軽度の不機嫌といっていいでしょう。「おだやかな上機嫌」というのは、自分の気分をコントロールできているものだからです。音楽は不機嫌になろうとする心身にダイレクトに働きかけ、仕事に乗り出すきっかけをつくってくれます。仕事というのは進みだすと自然と「流れ」ができますから、一度始められさえすれば、なんとなく気分が良くなってくるはずです。

ものすごく不機嫌なところから抜け出したいときにも、音楽は効力を発揮します。同じ曲を１００回くらいリピートしてリズムに身を浸しきるのです。

私がいつも「１００回リピート」に使っているのが、中森明菜《なかもりあきな》さんの曲です。歌謡曲が全盛だった頃に応援し、いったん離れていたのですが、最近改めて全曲を聴き直していいます。その後のキャリアで生み出された曲たちの、なんと力強いことか。

中でも気に入っているのが『kodou』（作詞・中嶋ユキノ　作曲・宗本康兵）という曲です。

涙はもう流さないわ　明日孤独に触れたとしても
何かが私の心を　ずっと迷わせていたのだろう
赤く揺れて止まらない　情熱に見とれる度に
心の闇に渦巻く　氷が溶けて消えて行くわ

メロディのリズムに身をゆだね、その人独自の世界観を表した歌詞に心をゆだねていると、アッパーな曲でもダウナーな曲でも、いつの間にかあなたを上機嫌のほうへと誘ってくれます。

踊らないと損する本当の理由

日常生活にうまく音楽を取り入れたら、一歩進んで、「踊り」に身を任せてみるというのも一つの手です。

音楽を聴いているうちにテンポにあわせて手を動かしている、なんて経験は誰にでもあると思います。しかし、その場で踊りだしてしまうという人となると少ないでしょう。

ところが南国に行くと、様子が変わります。サモアに滞在したことがあるのですが、サモアの人たちは非常に自然に、あちらこちらでダンスをしているんですね。ディスコやクラブならともかく、路上で踊っている人がいたら、普通は驚きます。サモアでは周囲の人も動揺することなくそれを受け入れ、むしろ仲間に加わったりしていました。「人はこんな簡単に踊りだすものなのか」と感心しました。日本でも、沖縄に行ったときに、似たような光景が散見されました。

すぐに陽気に踊りだす人たちというのは、間違いなく「オープンマインド・オープンバディ」の実践者です。周囲でダンスサークルに通っている人たちを見ていても、鬱屈《うっくつ》している人というのは見かけません。

第2章で、『古事記』に書かれた「天の岩戸」の宴会の話をしましたが、引きこもってしまった天照大御神の岩戸をひらくことができたのは、芸能の神・天宇受売命《あまのうずめのみこと》の「踊り」でした。かのニーチェも、『ツァラトゥストラ』（中公文庫）の中で「自分が神を信ずるなら、踊ることを知っている神だけを信ずるだろう」「一度も舞踏しなかった日は、失われた一日だと思うがよい」ともつづっています。

ダンスは自然と「場」をつくるアクティビティでもあります。なんだか楽しくなって隣の人と踊り出すだけでも、そこに一つの「場」ができますし、ダンスサークルに入って大会を目指すとなればなおさらです。上機嫌な人たちとの交流が、さらなる上機嫌を生んでくれます。

お伝えしたいのは、この「今にも踊りだしそう」という感覚自体が、現代人にとって必要なものだということです。

本当に「踊る」までいかなくとも、何事にも「踊るような」感覚で取り組む。心を〝躍〟らせる。こうした前向きな考え方が大事なのです。

「心が躍る」「文字が躍る」「血湧き肉躍る」……「躍る」を使った慣用句はいろいろありますので、みなさんにもなんとなく感覚はわかるのではないでしょうか。あたかもダンスをしているかのように、心身をオープンにして、流れに乗って、軽快に物事を行うということです。

作業のときに「もはやこれは踊っている」と感じられれば、その作業は非常に上機嫌に、効率よく行われていることを意味します。

何事も、軽やかに行うのが大切です。「踊る」というのは決まりきった動作をすることではありません。自分の中から湧き上がってきたエネルギーをうまく流れに乗せてあげて、心身が活性化し、アイデアがどんどん湧いてくるような状態です。

私自身も日々踊るような感覚で仕事をしていますが、特に授業中はその状態をキープしています。事前にノートに書いたものを読み上げるような授業をする先生もいますが、私は、次に話すことを完全に決めず、言葉が内側から湧いてきて、それらを語り続けているうちに90分が終わるという具合です。もちろん、学生が何か発言すれば、それをきっかけに自分でも予想していなかった方向に話が広がることもあります。いわば「ライブ」のように、学生と自分両方を躍動させながら、新たなアイデアを生み出していきます。

宮沢賢治《みやざわけんじ》は、「生徒諸君に寄せる」という詩で、次のように綴っています。

この四ヶ年が
　わたくしにどんなに楽しかったか
わたくしは毎日を
　鳥のやうに教室でうたってくらした
誓って云ふが
　わたくしはこの仕事で
　疲れをおぼえたことはない

私はこの詩がとても好きで、どんな授業もこの詩の精神でやりたいと思っています。

事前の準備だけでなく、その場のノリに体ごと合わせて柔軟に対応していく。職場での会議や仕事でも、ぜひこの感覚をイメージしてみてください。

フィクションに没頭して、自分の世界に入ろう

さらにご紹介したいのが、「フィクションに没頭する」という手法です。

私は一日一本映画を観るようにしています。さすがに毎日映画館に通うことは叶《かな》わないのですが、今はケーブルテレビのほか、Ｈｕｌｕやアマゾンプライムなどの動画配信サービスが気軽に利用できる時代です。月額１０００円程度を支払えば、一生かかっても観きれないほどの量の映像作品が、自宅のパソコンやテレビを通じて簡単に視聴できるわけです。私も先ほど挙げたサービスのほかにＷＯＷＯＷの映画専門チャンネルやＮＨＫのＢＳプレミアムなどのサービスを通じて、映画を楽しんでいます。

フィクションで描かれるのは、私たちが暮らす現実とは違う、もう一つの世界です。もちろん現代を舞台にしたリアリティのある作品も多数ありますが、単にそこにあるものをそのまま写したり書いたりするだけでは、そのリアリティは生まれません。良質なフィクションでは、一人ひとりのクリエイターが魂を込めて、世界を構築し、私たちが普段生きている日常では見られないもの、気づいていなかったものを教えてくれるのです。

フィクションの世界に浸ると、何が起きるか。

登場人物たちの喜怒哀楽や陥る状況などに没頭しつくしてから、自分の日常に立ち返ると、そこで「切り替えスイッチ」が働きます。世界を行き来したことで気分が入れ替えられ、自分の人生に対しても「よし、やるぞ」というモチベーションがわくのです。特に映画は、目と耳の両方で味わうものなので、没入感を強く持て、強力なスイッチとなってくれます。

ラブコメ、家族もの、SF、ミステリー。映画にもいろいろなジャンルがありますが、私が好きなのはサスペンスです。私自身のスイッチは、登場人物が追い込まれていればいるほど有効に働きます。スクリーンの中の彼らと比較して、「ああ、今の自分の状況は悪くないものかもしれない」と心が軽くなるからです。

おすすめの映画をいくつか挙げます。

■『裁かれるは善人のみ』（2015年公開、アンドレイ・ズビャギンツェフ監督）

カンヌ国際映画祭で脚本賞を受賞した作品ですが、ご存知の方は少ないでしょう。ロシア北部の街で自動車修理工場を経営している貧しい男が主人公なのですが、悪徳市長による土地買収に立ち向かううちに、どんどんひどい目にあわされていく……という映画です。

タイトルからしてひどい話なのですが、実際に起きた事件に、神にとてつもない悲劇を背負わされる男を描いた聖書の「ヨブ記」がモチーフに取り入れられており、「人間とは」「善とは」といった大きなテーマを深く考えさせられる作品です。

■『ベティ・ブルー　愛と激情の日々』（1987年公開、ジャン＝ジャック・ベネックス）

野性的で自由奔放な少女ベティと、小説家を目指す中年男性ゾルグの燃えるような関係を描いた恋愛映画です。「恋愛映画なら、ハッピーエンド？」と思った方には申し訳ないのですが、純粋であるがゆえにどんどん狂気をはらんでいく彼女のことを辛抱強く見守るしかない男の悲哀が描かれた、壮絶な作品です。展開としてはとてもつらいのですが、映像があまりにも美しく、ぐいぐいと引き込まれていく怪作です。

■『セブン』（1996年公開、デヴィッド・フィンチャー監督）

ブラッド・ピットを主役刑事にすえ、キリスト教の「七つの大罪」をモチーフにした連続猟奇殺人事件を描いたサイコ・サスペンス。「GLUTTONY（暴食）」になぞらえて殺された肥満男性の死体を皮切りに展開するストーリーは非常に胸糞《むなくそ》が悪いもので、大変暗い気分になることでしょう。気分が悪くなることが苦手な方はご遠慮ください。結末も後味の悪いものですが、だからこそ最後まで鑑賞し時間が経ったときには、「これより自分はまし」と思える作品です。

なかなかハードな3作品を紹介してみました。

映画鑑賞にはある程度まとまった時間を必要としますので、「もう少し短いほうが……」という方もいるでしょう。そういう方はぜひ読書をしてください。本は自分のペースで読み進められ、ストレスなく再開できますから、もっと細切れに時間を使いたい方に向いています。映画よりはゆるやかですが、じわじわと持続的な「切り替え」効果があるはずです。毎日飲む栄養剤のようなイメージです。

おすすめしたいジャンルは、やはりハードなサスペンスです。私が近年もっとも夢中になっている作家はドン・ウィンズロウ。アフリカ史と軍事史を修め、政府関係の調査員もしていた彼の作品は、どれも深い教養とおもしろさにあふれているのですが、特に愛読しているのが『犬の力』『ザ・カルテル』（角川文庫）というシリーズものです。

熾烈《しれつ》な麻薬戦争が繰り広げられているメキシコを舞台に、麻薬カルテルの元締めや、麻薬取締局のエージェント、殺し屋、コールガールといった面々が、一つの物語に巻き込まれていきます。本当に血みどろで悲惨な世界の話なのですが、手に汗握る展開と壮大なヒューマンストーリーが、読者の心をとらえて離しません。「これは麻薬戦争ジャンルの『戦争と平和』だ」という宣伝文句に恥じない名作なのです。あまりにおもしろいのですぐに読み終わってしまうのがもったいなくて、毎日の休憩時間に20ページほどずつ読むことにしていたら、とても良い「切り替えスイッチ」になりました。

キャラクターもストーリーももちろん創作なのですが、現実のメキシコで繰り広げられている麻薬戦争のリアリティがしっかりと盛り込まれており、その悲惨な時空に没頭していると、あっという間に時間が経っています。そうして決めたページ数を読み終わり、ふと目を上げると「ああ……自分は日本で仕事をしているんだったか」と、とてつもない浮上感に包まれるのです。

他にも、不機嫌に効く小説をいくつか紹介しておきます。

■『凍える墓』(ハンナ・ケント、集英社文庫)

タイトルからして寒そうな話ですが、実在したアイスランド最後の女性死刑囚を描いた小説です。殺人罪で死刑となった主人公の日常が淡々とつづられ、彼女が死刑にいたるまでの心情を追うのですが、１８３０年頃のアイスランドの荒涼とした空気が見事に表現されています。アイスランド出身の世界的アーティスト・ビョークの曲を聴きながら読むと、作品世界への没入感がさらに高まります。

■『君たちはどう生きるか』（吉野源三郎、岩波文庫）

児童文学の名作であり、２０１７年に刊行された漫画版（羽賀翔一画、マガジンハウス）が記録的大ヒットを飛ばしています。テレビ番組などでも何度か紹介したのですが、主人公・コペル君の目を通じてさまざまな社会問題がつづられており、大人が読んでも価値観に訴えかけられるような内容になっています。それでいて、現代ではなく、戦前が舞台なので、あまり自分ごととして重くとらえすぎず素直に読める。ちょっと違った世界にトリップできる、不思議な読みごたえの作品です。

■『銀の匙』（中勘助、角川文庫）

ここまで「カタルシス」を中心にフィクションの効能を説きましたが、実は「ノスタルジー」にも、今の気分をリフレッシュさせてくれる力があります。子供時代の思い出を刺激して心を軽くしたいときに読むのが、中勘助《なかかんすけ》の『銀の匙』。幼少期から中学生までの子供時代の思い出を、私小説のような随筆のような筆致で、やわらかにつづった作品です。ワンシーンワンシーンが映画のような鮮明さで、当時の心象風景が、五感全部にやさしく訴えかけてくるのです。「悲惨な作品はちょっと……」という方におすすめの一冊です。

こうしたフィクションにふれる時間をとると、もう一つメリットがあります。自然とインターネットに費やす時間が減り、余計な情報を遮断できるということです。

第2章で、「情報の取捨選択」「SNS断ち」の有効性についてお話ししました。映画や小説のために時間をとることで、無意識にこころの調子がととのうはずです。仕事や日常が忙しいときこそ、フィクションで息抜きをしてみてください。

「大きなもの」の果てしなさが上機嫌を助ける

自分の人生よりももっと大きくて途方もないものにふれるというのも、人間が「おだやかな上機嫌」になるための手段の一つです。

かつて不機嫌だった私を救ったのは、モーツァルトの音楽でした。

私は現在50代後半。今でこそ大学で教え、いろいろな本も刊行していますが、若い頃は就職もうまくいかず、数々の論文も通らず、せっかく得られたポストもすぐに更新が打ち切られと、社会的評価も金銭的評価も得られずにひどい不機嫌に陥っていたのです。「衣食足りて礼節を知る」という言葉の通りで、生活の基盤が安定していないと、やはり人は上機嫌になりにくいものなんですね。

そんなときに、当時全盛だったCDショップで見つけたのが、モーツァルト全集です。モーツァルト自身の暗い部分がぶつけられたような短調系の曲を続けざまに聴くと、その途方もない美しさのなかで、ふーっと心が落ち着いたのでした。私は決してクラシックに詳しいほうではないのですが、「これこそが天上の音楽だ」と実感できたのです。

途方もなく大きなものにふれると、人間の心は安らぎます。自分が思い悩んでいることが、宇宙のほんの一部であることに気づき、執着から自由になれるからです。「ふっきり」の一種ですね。何らかの信仰を持っている人たちが心安らかでいられるのも、「神の御心に比べれば……」と自分の周りの物事を小さく考えられるからです。

しかも歴史的な音楽家たちは、彼ら自身の曲の素晴らしさだけでなく、その人生の波瀾《はらん》万丈さというおもしろさも持ち合わせています。モーツァルトはその代表格。子供の頃から「神童」と呼ばれるほど絶大な才能を持ちながら、下品なふるまいやギャンブル癖の止まらないエキセントリックな性格で、放蕩《ほうとう》の果て、35歳という若さで亡くなりました。しかし間違いなく才能は本物で、早すぎる死は彼の才能を妬《ねた》んだ音楽家・サリエリの陰謀だという噂も立ったくらいです。未見の方はぜひ、モーツァルトとサリエリの確執を描いた名作映画『アマデウス』をご覧ください。

こうした効力があるのは、クラシック音楽に限りません。

絵や小説でも、長い年月を経て支持されてきた古典にはそれだけの力があります。作品それ自体も素晴らしいのですが、「どんな人がこんなものをつくったのか」「そのことが後世にどんな影響を与えているのか」といったことを考えることで、さらに心がおだやかになっていくのです。それも「大きなものにふれる」ことの楽しさの一つです。気がつけば、自分が悩んでいたことが小さなものに思えてきて、「そういう次元の話じゃないんだよな」とバカバカしく思えるのです。

人は自分が生きていることを当然のように思いがちです。自分の力で生きているという自意識によって人間らしさやアイデンティティを獲得している一面もあるのですが、それによって非常に疲弊もしています。自我の牢獄《ろうごく》から解き放たれるためにも、自分を一度投げ出してみることが有効です。

古典が内包しているのは、私たちの喜怒哀楽や執着とは全然離れたところで確立している、一つの世界です。

たとえば数学には、「内角の和が１８０度」とか、「二等辺三角形は、その底角が等しい」など、私たちの感情で動くことのない決まりごとがありますよね。偉大な古典からは、そうした数学の定理にふれたときのような感動を覚えることができます。

モーツァルトの後にはバッハにも助けられました。「神の音楽」とも形容される「ゴルトベルク変奏曲」には、本当に宇宙的な感覚に抱かれるような素晴らしさがあります。「ゴルトベルク変奏曲」をカナダが生んだ天才音楽家のグレン・グールドのようなピアニストが弾いているのを聴くと、幾何学の美しい数式を見たときのような気持ちになります。

もちろん感情に直接訴えかけてくるエモーショナルな音楽や映画に助けられることもありますが、そうした「大きなもの」の力を借りてみるのも一つの手と言えるでしょう。

実は、からだの作法でおすすめした「深い呼吸」も、大きなものの力を借りることと関連しています。伝統的な息の文化では、「息というものにすでに死が含まれている」と考えられてきたからです。

吸って吐いて、吐き終わった瞬間に、人間は「小さな死」を迎えます。息を吐き続けていくと、最後に底をついて、ぐーっと死んでいく感覚がもたらされる。これを見つめていくことによって、人は死というものを感覚的に受容していきます。それは死生観の予行演習にもなっており、だからこそ瞑想でも呼吸が重視されているのです。

息のサイクルを見つめることは、より大きな生のサイクルにつながり、より大きな呼吸に生かされている自分に気づくことでもあります。音楽を聴いたり小説を読んだりする時間がないという人は、まずは深い呼吸から始めてみましょう。いい「ふっきり」にもなるはずです。

「即レス」の時代だからこそ、立ち止まってふっきる

自分自身を上機嫌に乗せていく手段は結構いろいろある、というのがわかってきたでしょうか？　普段何気なくやっている暇つぶしでも、意識してみると「切り替えスイッチ」になることが多いのです。ぜひご自身の好きなこと、よくやっていることなどを思い起こしながら、ここでお話しした「切り替えスイッチ」として活用してみてください。

覚えてほしいのが「立ち止まって考える」ことの大切さです。

第2章でも話しましたが、現代は24時間誰かからレスポンスを求められ、また知らず知らずのうちに誰かにレスポンスを求めている時代です。インターネットによりコミュニケーションの範囲と速度に革命がおき、いつでも誰でも自分が思ったことをすぐに伝え、他人の思ったことを無作為に受け取れるようになってしまったからです。

メッセージの即時性は、一見人々のコミュニケーションを活発化し、世の中の気分の「流れ」を良くしているように見えなくもありません。

しかし、そこにあるのはむしろ「流れの悪さ」です。

「とにかく何でもいいから早く言ったもの勝ち」の世の中。人々は、自分のなかで深く咀《そ》嚼《しゃく》していない言葉や思考を吐き出すようになってしまいました。消化不良な言葉や思考がコミュニケーションを硬く冷たいものにし、人々は自分のなかのエネルギーをうまく放出できずに、自身のからだとこころをも硬くしています。

リラックスできずに微妙に固まった心身が、止まることのない「即レス」アリ地獄から抜け出せずにいます。そうした流れの悪さの中では、上機嫌に大切な「ふっきり」がうまく働かず、慢性的に不機嫌な状態が継続してしまいます。

不機嫌には抗《あらが》いがたいパワーがあります。「周りもそうだし、別にこのままでもいいんじゃない？」と思ってしまうかもしれません。しかし、まやかしの心地良さに固執せず、長いスパンで人生を良くしていきたいのであれば、淀《よど》んだゆるやかな流れに飲み込まれ続けるのをやめて絶えず自分を切り替え続けていく必要があります。

第3章で上機嫌の作法の一つとして、「温泉に入ろう」と紹介しました。温泉に入ると、温かい湯に囲まれて、誰しも気分が良くなるからです。

「上機嫌マスター」というのは、温泉に入らずとも「いつでも上機嫌の湯に浸《つ》かっている」ような心持ちを実現している人です。

仕事や勉強、家事など、日々人間がこなしていることについて、みんなどこか「苦しいもの」という印象を持っていると思います。しかし日々「上機嫌の湯」に浸かっている人にとっては、それらはすべて「楽しいもの」に変わるのです。

何かトラブルが起きて困ったとき、「困ったな」「厭だな」と思ってもいいのですが、「困ったな」「厭だな」という気持ちを持続していては、何もうまくいきません。そこでいったん立ち止まり、ふっきり、「やっちゃったね」「じゃあどうしようか？」と笑い飛ばせることこそが、仕事や人生をうまくいかせる最大の特効薬です。

コミュニケーションに応答するときも、何らかの状況に対処するときも、本当に必要なのは「即レス」ではありません。じっくりと「ため」を持って、受け止めたところでふっきって、新しい流れをつくりだすことにこそ、レスポンスの意味があります。

そこで何よりもあなたの味方になってくれるのが、「自画自賛力」です。

自分を肯定するには、「①断言力」「②想像力」「③自分を笑い飛ばす力」が必要という話をしましたが、その根本には「自画自賛」があります。

「さっきは、『大きなものにふれて自分を投げ出せ』と言ったのに、自分に執着してもいいの？」と疑問に思う方もいるかもしれません。

自画自賛は「自慢」――自我にとらわれて慢心することとは違います。自分を客観的に見て、自分が生み出したものをありのままに評価する姿勢。客観的な視点を持ちつつ、自分自身さえも「ふっきる」ところに、自画自賛が生まれます。それは自分を投げ出すことと矛盾せず、むしろ連続した行為です。

「人から見てどう思われるか？」

「これまでの私の失敗を考えたら、今回もダメだ」

と、周囲の評価や過去の自分にとらわれるのはもうやめましょう。

「なんでこんなにできたんだろう」

「我ながらいいこと書いてるなあ」

「これはもっとできるんじゃないかな」

と、自分を肯定していくことこそが、上機嫌の推進力です。そうして生まれる「新しい流れ」は、あなたの人生だけでなく周りの人生、そして日本全体をも活性化していくことでしょう。

上機嫌の作法を身につけ、ぜひ自分のことをふっきってみてください。


「不機嫌をなおす七つの習慣」から始めよう

この章の話をまとめましょう。

- **あなたの知性を最大限周囲に伝えるために、上機嫌なこころのクセと「当事者意識」を身につけるべきである**
- **人生には厭なことも起こるからこそ、状況から自分を引き剝がし、「ふっきり上手」になることが大切だ**

- 「罵倒する自分」を追い出すコーチングの技術を活用すると、「ベストな状態を知る」ことができるようになる
- どんなに感情が波立っていても、「一定の状態」を保つ工夫をしていると、こころも自然とついてくる
- プロは最高のパフォーマンスを発揮するための「切り替えスイッチ」を持っている
- 「集中したいとき」の「食」や「音楽」を決めておくと、上機嫌のスイッチになる
- 上機嫌なときには「踊る」ような気分で、作業できる
- 「フィクションに没頭する」ことも、実は上機嫌に効果的である
- 古典には、「大きくて途方もないものにふれることで上機嫌になれる」効果がある
- 「即レス」をやめていったん立ち止まり、「自分をふっきる自画自賛力」を手に入れよう

不機嫌というのは気分であり、それは心身両方の状態によって成り立ちます。第3章でお伝えした「からだの作法」と、この章でお伝えした「こころの作法」は、上機嫌エンジンをうまくかけるための、自動車の両輪です。どちらかだけにこだわるのではなく、両方をうまく取り入れながら、あなただけの上機嫌に向かっていってください。

とはいえ、「いろいろあって、どれから始めればいいかわからない」という人もいるでしょう。ここまでの章の内容を総括しながら、心構えとしての「不機嫌をなおす七つの習慣」をまとめてみました。まずはこれだけ実践していただくのでも大丈夫です。

■①自分の「普通」は不機嫌に見えると自覚する
■②情報を遮断して自分の時間を持つ
■③血流を意識して、こまめにからだをほぐす
■④「一定の状態」を保つのがプロだと意識する
■⑤「まずいな」と思ったら一呼吸入れる
■⑥ネガティブな感情は、表現物に乗せて洗い流す
■⑦人の不機嫌を見て、自分の不機嫌をなおせ

最初はこの七つを心がけながら、次第に「自分のための上機嫌リスト」をつくってみるといいでしょう。私が日々行っているように、

「からだを温めるために○○を食べる」

「○○したときはこの音楽を聴く」
「毎日○○を読んでリラックスする」
「電車ではネットではなく○○を読む」

などと、細かい上機嫌メソッドをピックアップしていくのです。

そのために役立つのが、私が「偏愛マップ」と呼んでいるメソッドです。

白い紙を用意して、自分にとって「気持ちいいな」「楽しいな」「好きだな」と思える瞬間や言葉を、ランダムに書き出してみてください。

「バーゲンセール」
「中森明菜」
「近所の喫茶店」
「上司に褒められる」
「村上春樹の新作」
「欅坂46のMVを見る」
「子供の笑顔」
「銭湯で長湯」

「金曜にパーっと飲む」

などなど、本当になんでもかまいません。仕事や家庭、すべてのシーンにおいて心地良いものをカオスに思い出していきます。できるだけ具体的なシチュエーションになるようにしてください。一通り書き終えたらその中に、上機嫌メソッドに転換できるアイテムやアクティビティが隠れているはずです。

また、私が聞いておもしろいと思ったメソッドとして、「手帳にニコニコマークを書く」というものがあります。「いいことがあった」と思ったら、その日のスケジュール欄に「(^^)」のように、ニコニコした顔文字を書いておくのです。「おもしろい映画を観た」とか「すき焼きを食べた日」など、そうしたことでかまいません。フェイスブックやツイッターで他人の「いいね！」を得ようとするのではなく、自分で自分に「いいね！」してあげるのです。それを続けていると、逆に「今日はあんまり良くない気分だから、すき焼きを食べよう！」など、「いいね！」をするための上機嫌アクティビティを思いつくことができるようになります。

大切なのは、おだやかな上機嫌を継続すること。自分がストレスなくやれることを見つけていきましょう。

第5章　上機嫌な会話が人生を豊かにする

自分一人で上機嫌になるのは難しい

「現代では『職業としての上機嫌』が求められている」

本書ではこの前提から始まり、現代にひそむ不機嫌のリスクや、心身を上機嫌に向かわせるさまざまなメソッドをお伝えしてきました。

第4章までを読んでいただいたみなさんは、もはや「上機嫌」目前。あとは実践あるのみです。

とはいえ、上機嫌の最終目標は、自分が上機嫌になるだけでなく、周囲も「おだやかな上機嫌」にしてしまおうというもの。第5章では、そういった発展形を目指したい方のために、とりわけ「コミュニケーション」や「仕事」の場面における上機嫌の話をしていこうと思います。

「別に、自分一人で上機嫌を保って、人の機嫌に振り回されなければいいんじゃないの?」と思う人がいるかもしれません。しかし、それは大きな間違いです。自分一人で上機嫌を保ち続けるのは、あまりに難しい。

この本の冒頭から何度も言っていますが、私は過去、筋金入りに不機嫌な人間でした。

「不機嫌は罪である」という書名になぞらえて言えば、無期懲役をくらっても仕方がないレベルの不機嫌です。

高校生の頃に親戚のおばさんから、「このくらいの年齢の男の子は不機嫌でもいいのよ」と言われていたのをよく覚えているのですが、上京し一人暮らしを始めたところから、ますます加速しました。友達らしい友達がうまくできず、孤独な暮らしをしていたせいです。

飲み会などで人と話す機会があっても、イライラと議論をふっかけ、しつこく追及してしまうものですから、周囲もとまどいます。自分のなかに「人を論破したい」という欲望が渦巻いていて、それが悪い方向にばかり噴出していました。幸い周囲の人柄が良かったので、仲間はずれにされるようなことはありませんでしたが、「誰とも結びつくことができない」「誰にもわかってもらえない」という気持ちが強くありました。まるで『罪と罰』のラスコーリニコフのようでした。

大学1、2年までは「周りが悪いんだ」と自分に言い聞かせていましたが、3年になったときに思いました。

「このままでは自分もまいってしまうし、触るものみな傷つけてしまう。自分を変えないといけない」

よくよく振り返れば、思春期以前の自分は、ここまで不機嫌ではなかったのです。「昔はもう少し明るかったのに」「不機嫌なまま大学を終えるのは非常にむなしいのではないか」と反省しました。

そこから私が何を始めたか？　それはニーチェのいう「超人」になるための修行でした。呼吸法や自律訓練法など、さまざまな身体技法を実践し、不機嫌から解放されて、悟りに近づこうとしたのです。メトロノームを買ってきて、高速で動く針の動きを追いかけ続けたり、ロウソクの炎をまばたきせずに30分間眺め続けたり、どれだけ息を止められるか試してみたり……。

そうした試行錯誤はその後の身体論の研究には役立ったのですが、当時の不機嫌にはかえって悪影響でした。集中力を高めて自分の世界に入り込んでいくにつれて、むしろ鬱屈《うっくつ》とした感情が強まっていったのです。

不機嫌の極致に陥ってしまった私を最終的に救ったのは、何だったと思いますか？

実は、テニスサークルです。

そもそもなぜテニスサークルに入ったかというと、最初は単に「運動不足の解消」のためでした。中高で硬式テニス部に所属していたので、身体を動かすことで負のエネルギーが発散できると思って参加したのです。

結果的に、テニスサークルは私の不機嫌な心の氷をとかしてくれたのですが、それは身体を動かしたからだけではありません。男女入り交じったインカレサークルのなかで「コーチ」の役割を得たことが、自分の機嫌に前向きに作用したのです。

最初は「とにかく運動ができればいい」「自分のテニスができればいい」と思っていた私は、非常に不遜《ふそん》な態度でいました。相手が男だろうが女だろうが、ラリーを続けようという気持ちがなく、とにかくそのときに自分が出しうる全力のスピードボールを打って、相手は打ち返せず終わり、会話もせず無言で帰る、というのを続けていたのです。よく、サークルから追い出されなかったものです。

追い出されなかったどころか、彼らの一人が私に言いました。

「そんなにテニスが上手なら、チームを強くするのに協力してほしい」

「そう言うなら……」と応じたところ、これがハマりました。人に教え、リアクションにこたえ、一緒に大会を目指し……という集団での取り組みにかかわるなかで、私の根強い不機嫌は解消されていったのです。その頃のサークルのメンバーとは、30年経った今でも、たまに飲み会をする仲です。「最初の頃はひどかったですよね（笑）」「あれじゃ、他の女の子、みんな辞めてもおかしくなかったですよ」と軽口を叩《たた》かれたりもしますが、本当に、私の人生の大きなターニングポイントでした。

「誰かのためになる」ことの大切さ

そうして学生時代の不機嫌を乗り越えた私でしたが、大学卒業後大学院に進学してから30代まで続く、長い無職期間に入ったことで、再び「不機嫌時代」を迎えます。しかし、そこでも私を最終的に上機嫌に向かわせてくれたのは、学生相手に「教える」という行為でした。人とかかわり、自分の気持ちを表現することは、人間にとってきわめて重要なアクティビティなのです。

思えばテニスサークルに入るまでの私は、すべての行動を自分一人で完結するもの、そして「１００％でやるか、何にもやらないか」の二元論で考えていました。

勉強でもスポーツでも、何かに手を出すなら、そのことだけに集中し余計なことを考えないようにしなければいけない。もし、世間体や人間関係などを考えて集中できないのであれば、もう手を出すべきではない。そのように思い詰めていたのです。

しかしテニスサークルでの経験は、私の価値観を一転させました。勉強でもスポーツでも仕事でも、そのこと自体に１００％打ち込もうとするのではなく、周囲の人間関係や、人の能力を伸ばすことも考えながら動いたほうが、結果的に自分自身のパフォーマンスも上がるし、人生に対する満足度が上がることに気づいたのです。第1章の最後で「上機嫌は人のためならず」と述べたのも、そうしたニュアンスを含んでいます。

姿勢や呼吸法に「冷え」対策、音楽の効力やおすすめ映画など、ここまでずいぶんたくさんの「上機嫌メソッド」をお伝えしてきました。しかしこれらがあなたにきちんと作用して、上機嫌になるには、「周囲とのつながり」が不可欠です。

第4章で「偏愛マップ」を作ることをすすめたのを覚えているでしょうか？　あのマップで書き出したもののうち「一人でやれること」に緑の○、「人とかかわりながらやること」に赤い○をつけて、分類してみてください。どちらの○が多くなったでしょうか？　私の見てきた限りでは、後者を多く書き出せていた人のほうが上機嫌であることが多いです。

友達や恋人、家族、そして仲間の存在は、人間にとって大きな癒《い》やしになります。自分の思っていること、表現したいことを聞いてくれる相手がいて、たまっているものを受け取ってくれる。このことが不機嫌を抜け出す近道になります。

近年大ヒットしたディズニー映画『アナと雪の女王』のストーリーも、そのことを伝えるものです。ふれたものを凍らせ、雪や氷を生み出せる魔力を持った王女エルサは、手違いで妹アナを凍らせてしまったことをショックに感じ、部屋に閉じこもって、自分を抑えながら暮らします。あるアクシデントを機に、王国の人々の前で能力を暴発させてしまい、王国を逃げ出したエルサは、誰もいない雪山に自分だけの氷の城を建てて、初めての解放感を味わいます。劇中曲『レット・イット・ゴー』は、彼女が一人で生きていくことを決意するシーンで流れるものです。

しかしその後紆余曲折《うよきょくせつ》あり、アナからの「真実の愛」にふれたエルサは、王国に戻って、人々と生き、自分の能力を人のために使っていくことを決意します。『レット・イット・ゴー』のシーンばかりが有名になりましたが、周囲と一緒に生きていくことにしたときのエルサは、それよりもずっと幸せそうな顔をしています。それは「上機嫌の極致」といえるものです。

エルサの姿は、一人でのびのびと自分の能力を追求するよりも、軋轢《あつれき》や誤解をひもときながらも周囲とコミュニケーションを続け、気持ちを表現しあって「つながり」を持つことのほうが、上機嫌に近づくということを教えてくれます。

上機嫌と「媚を売る」ことは異なる

ニーチェは、『ツァラトゥストラ』の中でこう書いています。

見よ、わたしはいまわたしの知恵の過剰に飽きた、蜜蜂《みつばち》があまりに多くの蜜を集めたように。わたしはわたしにさし伸べられるもろもろの手を必要とする。

（中公文庫・手塚富雄訳）

主人公のツァラトゥストラは30歳になったときに故郷を捨てて山に入り、「十年間倦《う》むことがなかった」のです。しかし、10年経つと、「誰かに自分の知恵を分け与えたい！」と思い始め、先ほどのセリフを発して、山を下りることとなります。どんな知性を持った人も一人だけでは上機嫌になれない、ということをニーチェはよく理解していました。

私もまさに、自分の集めたミツに足をとられて溺死《できし》寸前のミツバチでした。知識や教養を詰め込みすぎて頭でっかちになり、身動きのとれない状況だったのです。しかし、若い人に知恵を分け与える場を持ったことで、私は「上機嫌マスター」を目指すことができました。二十数年間、教壇のうえでは不機嫌だったことがありません。90分間、人前でアグレッシブにマシンガントークをし続けてもいい場があるというのは、私にとって本当に幸福なことでした。

人間、壁当てばかりしていては、気が滅入ります。ピッチャーがいてキャッチャーがいることで、得られるものがあるのです。テニスサークルに入ったばかりの頃の私は、ラリーの生まれないテニスをやって満足していましたが、それではダメでした。やはり人とつながり、コミュニケーションをするということには、人間の機嫌を上向かせる本質的な性質があります。

改めて第1章で強調したメッセージを思い出してください。

あなたが上機嫌になれば、周りも上機嫌に変わっていく

ここには、あなたから周囲への一方向の流れだけでなく、周囲からあなたへの「上機嫌のフィードバック」の存在も含意されています。

注意したいのは、上機嫌と「媚《こび》を売る」ことは異なるということ。自分だけではなく他人も上機嫌になるように努め合うのは大切なことですが、「機嫌をとる」「サービスをす

る」必要はありません。

たとえば、相手が失礼な物言いをしてきたとき、「機嫌よくしなきゃ」とヘラヘラするのは間違いです。「相手によく思われたい」「嫌われたくない」という気持ちでサービスしていると、人間はだんだん自己嫌悪に陥ります。接客業や仕事の取引などではそういう場面も出てくるでしょうが、上機嫌を目の前の他者へのサービスとしてとらえると、いずれ破綻《はたん》するでしょう。

私の考える「上機嫌」というのは、あくまで本人の心身の内側からどうしようもなく満ちあふれるものです。お湯のように湧き出てくるから、周りにも分けたくなってしまう、そんなイメージです。他人に上機嫌を向けた後に、ストレスがたまるようなこともありません。

私は講演会やテレビ出演などで、日々無数の人にお会いしています。その一人ひとりとの出会いに対して、いつも「この出会いを祝祭の場にしたい」と現在は自然に思えています。民俗学には「ハレとケ」という概念がありますが、儀礼的に定められている「祭り」だけでなく、日々の人と人との出会いも十分に「祝祭」です。ちょっとした飲み会でも、その場での会話が楽しければ、まるで特別なお祭りだったかのようにテンションが上がり、エネルギーを放出するでしょう。

今の私はそうした「祝祭」としての出会いの意義を非常に重視しているので、頼まれずとも自分から場を盛り上げてしまうし、絶えず笑顔になってしまうのです。

接客業や仕事の取引でどうしても相手への「サービス」が必要になる場面でも、やはり「媚」よりも「上機嫌」で接したほうが、相手にとっても心地良いものです。マニュアルにそって不自然なまでに口角を上げて歓待するような店がありますが、あれをやられると、見ているこちらがつらくなります。ちょっとした雑談ができるとか、少し融通をきかせてくれるとか、もっと個人としての「こちらを歓待したい」という気持ちがにじみ出てくるようなナチュラルなふるまいのほうが、受ける相手にとっても安心できるのです。

この世の一人ひとりの人間は「場」や「他人」に対しても責任を持っています。上機嫌を目指し、維持したいのであれば、場や人とコミュニケーションをとってうまく力を借りながら、自分も相手に上機嫌を返して、お互いに高めあっていくのが何よりでしょう。

上機嫌を助ける「会話力」を磨こう

「上機嫌になるためにもコミュニケーションが大事」と口を酸っぱくしていってきました

が、コミュニケーションを磨くうえで重視すべきはなんでしょうか？

やはり「会話力」です。

第3章では「他人から上機嫌に見られるには、表情と声の張りが大切」「話がうまい人の根本にあるのはオープンマインド・オープンバディ」という話をしました。人間が会話をしているとき、表情と声の張りによって判断されている部分が多いという研究結果もご紹介しましたね。

しかしそうは言っても、会話を形作る要素はもっと複雑で多様なものです。拙著『すごい「会話力」』（講談社現代新書）でも、「会話部部員」という意識をもって「人間の総合力」としての会話力を高めていこうと奨励し、さまざまなメソッドを紹介しました。

人間は会話をすると気が晴れます。声を出すと元気になれます。日本では衣食住に困っている人はそう多くありませんが、身近な会話相手に困っている人は多いように感じます。だからこそみんなインターネットで自分の思いをつぶやいているのではないでしょうか。

総合力としての会話力を磨くには、やはり対面で会話できる相手を十分に確保しておくことです。上機嫌の作法全般と同じで、訓練を通じてしか向上できないからです。

会話には次の三つの段階があり、それぞれの段階に応じた「会話力」が求められます。

■ステップ①雑談力

その日の天気やその時々の社会的事件や、ゴシップなど。「雑談」は、初対面の人同士にとっても、気の置けない仲間同士にとっても、お互いの人間関係を滑らかにするための潤滑油です。「その場の誰でも知っていそうな話」「知らなくてもついていける話題」がベスト。私も授業の冒頭には、前日のバラエティ番組のことなどを話しています。

■ステップ②要約力

雑談で「感情のやりとり」ができたら、次に行うべきは「意味のやりとり」です。うまく相手の心をつかんでも、「自分が何を求めているか」「相手が言ったことをどう受け取ったか」を表現できなければ、無意味だからです。

特に相手が取引先や上司などでしたらなおさらです。この力が身についていない人には、仕事を任せるのが不安ですよね。取引先にうまくこちらの意図を伝えられずに交渉が進まなかったり、上司の要望を取り違えて間違った成果物をつくりあげてしまったり、ということがありえます。

私たちはこの能力を義務教育を受けるなかで身につけてきています。国語でも算数でも「この文章の言いたいことは何でしょう」「問題文をよく読んで答えましょう」など、問いの意味をきちんとわかっていないとできない問題に、たくさん答えてきたのではないでしょうか。

すでに基礎力がついているはずですから、短期間意識的にトレーニングすれば、すぐに上達する力といえるでしょう。

■ステップ③クリエイティブな会話力

これは話しているうちに「ああ、こういうのもいいかも」と、お互いの間に新しいアイデアが生まれてくるような会話ができる力です。

私たちは自分が知っている情報しか話すことができません。自分だけで何か新しいことを考えようとすると、どうしても「自分の知っていること」や「自分の思考のクセ」にとらわれてしまい一定の視野のものしか生み出せません。

しかし二人以上で会話するとどうでしょうか。お互いの知っている情報を交換しあい、組み合わせることで、まったく新しいアイデアにたどり着くことができます。そしてアイデアの呼び水となる一言や、何かの情報が出たときに「それだったら……」「こういうのはどう？」と話を展開させ、よりクリエイティブな会話を生み出せるのが「クリエイティブな会話力」です。

周囲を見てみても一番難しく身につけられていない人が多いのがこの力です。日常生活や仕事の大半は、「雑談力」と「要約力」を持っていればなんとかなります。しかし、日々テクノロジーが進化し、私たちを取り巻く状況が変わっていくこの世界の中では、「新しいものを生み出せる力」がなければ、あっという間に周囲から取り残されてしまうでしょう。これからの時代に、一番必要になるだろう力と言えます。

上機嫌な人がこれらの会話力を持ったならばもう無敵です。相手はあなたの上機嫌に巻き込まれ、まさに踊るようなトークが発生するでしょう。

そのために欠かせないもう一つの要素が、「間合い」です。第3章で呼吸法をご紹介したときに少しだけお伝えいたしました。会話には「間」と呼ばれる呼吸があり、自分の呼吸だけでなく相手の呼吸もわかっている、「間合い」のとれる人が、会話上手になれるという話です。

「相手がしゃべりたそうだな」というときにはスッと譲り、相手が気持ちよく話しているときには、さらに薪《まき》をくべるように、「それはいいね」「へえ～」と合いの手を入れる。「あの人、まだ何もしゃべってないかも」という人にスッと譲り、「この話はあの人が得意そうだな」という人に話題を振る。日常の会話のなかで自然と発生する動作の数々ですが、うまくできる人は多くありません。

呼吸法を身につけ、上機嫌にふるまうなかで「事態を客観的に把握し自己をコントロールできる」ようになると、この「間合い」の達人にも近づけるようになります。

もしあなたの上司が不機嫌だったら

コミュニケーションは、私たちの人生のあらゆる場面で求められるものです。家族との関係、友人との関係、地域との関係などなど。さまざまな相手との間にコミュニケーションが発生しますが、一番苦労している人が多いのは、仕事上のコミュニケーションではないでしょうか。

同じ会社で働いているという以外の共通点がほとんどない人たちと毎日顔をあわせ、同じ目標に達成するために協働しないといけないというのは、誰にとってもかなりの難題です。世の中の人は、そうした仕事上のコミュニケーションを無意識にこなしています。しかし、意識してコミュニケーション力を向上させることができれば、仕事のスキルももっと上がるのです。

「仕事はコミュニケーションが９割」です。どんなに素早く書類を作成できても、どんなに独創的なアイデアを自分のうちに持っていても、仕事仲間や取引先とうまくコミュニケーションができないのであれば、あなたは「仕事ができない」人とレッテルを貼られてしまいます。だから職場でこそ「オープンマインド・オープンバディ」になって、軽やかなコミュニケーションができるようにしなければいけません。

仕事上のコミュニケーションが難しいのは、家族や友人関係と違い相手が不機嫌だったり失礼だったりしても、安易に「そういうのは良くないよ」と言えないところです。相手が不機嫌をむき出しにしてきたときに立場上指摘できずに我慢してしまったことが、あなたにもあるのではないでしょうか。上司や先輩といった目上の人の場合、それでさらに機嫌を損ねられると人事評価にもかかわりかねませんから躊躇《ちゅうちょ》してしまうのはわかります。

しかし不機嫌な人が一人でもいると、場の空気は淀《よど》み、めぐりめぐって仕事全体のパフォーマンスが下がってしまいます。長い目で見れば、職場の不機嫌を改善することが自身のキャリアにもつながります。

では上司が不機嫌なときは、実際どうしたらいいのでしょうか？　正面から受け止めても自分がダメージを負うだけですし、目上の人間ですから下手に指摘するとかえって悪い事態を引き起こしてしまう……。

私が推奨したいのは、「流す」こと。

不機嫌に見える人間というのは、こちらが思っているよりも不機嫌ではない場合が大半です。第１章で中高年の「不機嫌臭」の話をしたのを覚えているでしょうか。本人が思っているよりもエスカレートした不機嫌が、周囲にまきちらされているだけなのです。表面的に見えている不機嫌にそのまま対処するよりも流してしまうと、あちらの機嫌もいつの間にかなおっているということも少なくありません。不機嫌な一言をかけられたときこそ、別の話題に誘導してしまうというのが、おすすめのコミュニケーションです。

そして、そのときに有効なのが「質問」です。

上司というのは、部下に頼られたいもの。相手が不機嫌だからとビクビクせずに、気になっていることや仕事で悩んでいることなどを、フレンドリーに話してみましょう。どんなにムスッとして見える上司でも、意外と饒舌《じょうぜつ》に、仕事のコツや自分の思い出などを話してくれるはずです。そのときに「勉強になります」「それは大変でしたねえ」といったリアクションをうまくできれば、上出来です。

テレビの現場に行くと、さまざまな年代の人が仕事をしていますが、痛感するのが「ベテランに話しかける若手が少ない」ということです。

これは、日本の職場すべてで起こっていることではないかと思います。本当は頼ってほしいのに孤立しているベテランの人がムスッとした空気を出し、しかし若手はそこに対処しない、ということが珍しくないのです。

そもそも近寄りがたいのに、ムスッとしてるから余計かかわりたくなくなるという気持ちもわかるのですが、そこでおそれずに話しかけていくと場の空気は意外と上機嫌になっていくもの。「あなたが上機嫌になれば、周りも上機嫌に変わっていく」の実践として、ぜひ取り組んでみてください。

職場のみんなで「オープンマインド・オープンバディ」になる方法

第1章で昨今の若い人たちは仕事選びの際に「良好な職場の人間関係」を重視しているというアンケート結果をご紹介しました。彼らは、仕事の9割がコミュニケーションによって決まり、円滑なコミュニケーションは良好な人間関係、つまり上機嫌なつながりから生まれるということを無意識に理解しています。

あなたの職場は上機嫌な職場といえるでしょうか？

何かトラブルが発生して「困ったな」となったときも、チームメンバーが上機嫌であれば、先行きに不安はありません。ただ愚痴や嘆きを言い合うのではなく、「やっちゃったね」「じゃあどうしようか」「こうするのはどう？」と、いつの間にか前向きなアイデアが生まれるコミュニケーションが始まるのです。上機嫌の根本には「ふっきり」がありますから、困難な状況からも立て直すことができるんですね。

以前、テレビ番組で特集されたニートの人が「働いたら負け」という発言をし、話題になったことがありました。しかし私が見ている限り、毎日会社に通っている人の中で「サボりたい」と本気で思っている人は決して多数派とは思えないのです。

むしろ本当はバリバリ仕事がしたいのに、やりたくないことを頼まれたり、効率の悪いやり方を求められて時間をとられたり、周囲の機嫌をとらないといけなかったり……。自分の仕事以外のことで煩わされて「もっと効率よく仕事をしたい」と不満に思っている人が多いのではないでしょうか。

一人ひとりが踊るように楽しく仕事に取り組むには、「流れの良い」職場をつくることです。流れの良い職場では、社員の機嫌も自然と上向きます。一人ひとりの心がけも大事ですが、やはりみんなが上機嫌になりやすい「仕組み」を用意しておくことが必要です。

私がおすすめしたいのは、以下のような取り組みです。

■１時間に１回は伸びをする

長時間のデスクワークに従事している人は、どうしても姿勢が悪くなり、からだが硬くなり、気づけば不機嫌を身にまとってしまいます。あなたが上司や先輩であれば、周りの人がからだをほぐせるように心配りをしてあげましょう。

そのために有効なのが、気がついたときに「伸び」をするように心がけること。ちぢこまっていた背筋が伸び、胸がひらいて、呼吸も深くなります。このときに「三・二・十五」の呼吸法を実践してもいいでしょう。伸びだけでなく、アキレス腱《けん》を伸ばしたり、その場で軽く屈伸したりするなど、何でもいいので、軽くからだをほぐす運動を取り入れてみてください。

■昼休みに昼寝の時間を持つ

どんな仕事でも「集中力」がカギになるという話を、第４章でお伝えしました。会社の労働時間は一般に８時間ですが、お昼休憩を挟んだとしても８時間すべてに集中力をもたせるのはほぼ不可能です。

そこで必要になるのが合間合間の適度な休憩なのですが、まず昼休みに「昼寝」をするというのをぜひ試してみてください。私も執筆の合間には、仮眠を欠かしません。横になれなくても、本当の意味で睡眠できなくとも、デスクの上で上半身を寝かせ、目をつぶって深い呼吸に身をゆだねると、そこで疲労がリセットされて区切りがつくのです。20分などまとまった時間がとれればベストですが、３～５分でも十分です。

■おやつの時間をつくる

「おやつの時間」をつくるのも、有効な取り組みです。「え、職場は遊び場じゃないんだから」と眉《まゆ》をひそめる人もいるかもしれません。しかし、三大欲求を満たされていないと人は不機嫌になります。

適度なタイミングで糖分をとり、休憩を入れることは、上機嫌のための重要なアクティビティです。また、おやつを介して同僚同士のコミュニケーションが生まれますから、それも職場の流れを良くするうえで役立ちます。

■音楽を聴く

職場環境的に問題なさそうであれば、集中したいときに音楽の力を借りるのも手です。おすすめなのが、片耳だけにイヤホンをつけることです。両耳にイヤホンをつけてしまうと、同僚から話しかけられたときに聞こえず、また職場の状況を把握できずに、仕事に支障が出てしまいますが、片耳イヤホンなら、周囲をシャットアウトしすぎずに、自分の世界に没入できます。こうすることで、まさに「踊る」ように仕事をすることができるようになるはずです。

■時間管理でメリハリをつける

さて、多くの人が気づいていないことがあります。それは、現代のビジネスパーソンは、過去の人々よりもはるかに多い量の業務をさばいているということです。私は実家が会社経営をしていたのでよく覚えているのですが、昭和の職場というのは、非常にゆっくりしたテンポでまわっているものでした。たまに電話がかかってくるのに応対したり、一日に

2～3通手紙を書いたりして、あとは個人個人の作業に集中していればよかったのです。

しかし現代では、朝から晩までひっきりなしにパソコンメールが届き、他部署や取引先、顧客からの、細かい問い合わせに返答しなければなりません。連絡手段が便利になったことで、あきらかに仕事量が増えています。それを時間内に終えられているのであれば問題ないのですが、どうしてもさばききれずに残業して帳尻《ちょうじり》をあわせている人も多いのが、現代の職場事情です。

私は仕事というのは徹底的に効率良くやるものだと思っています。「踊る」ことを大切にしているのもそのためです。

そして自分たちの業務量の多さを理解したうえでしてほしいのは「きちんと時間内に終わるように段取りを決める」ことと「終わらなくても、定時には割り切って仕事を上がる」こと。集中力というのは長時間継続するものではありませんから、定時を過ぎてしまったら潔く休息して次の日に備えるのが結局ベストなのです。

時間管理のうえでは、ゲーム感覚でストップウォッチを取り入れるのもおすすめです。私も授業中や取材でしゃべるときなど、あらゆる場面でストップウォッチを手元に置き時間をはかっています。「このトピックは3分で話す」と決めて、ストップウォッチを眺めながら話すのです。いちいち時計を見ながら調整するよりもメリハリがつき、テンポ良くしゃべり続けることができます。

「帰宅したら、仕事のメールを返さない」というのも、地味ながら重要なことです。夜にやってくるメールの大半は、「今すぐ解決しなければいけない緊急の事項」ではなく、「今思いついちゃったから、とりあえず送っておきたい事項」「あらかじめ送っておくと翌日スムーズかなと思った程度の事項」です。一度返してしまうと、あちらも「夜じゅう仕事しているんだな」と思ってさらに返してきてしまうこともあります。

朝9時以降に返すことを徹底すれば、だんだん配慮してくれます。「即レス」よりも「メリハリ」を重視して仕事に区切りをつけられるのが、本当の意味で仕事のできる人だと、私は思います。

いかがでしょう。「自分は楽しく仕事ができている」と自認している人は、すでに取り入れていることもあったかもしれませんね。

あなたが周囲に「こうしよう」と提案できる立場でなくとも、こうした心がけを日常にこまめに取り入れていれば、周りも「○○さんがやってるあれ、良さそうだな」と、だんだん参考にしだす可能性が高いです。

職場は遊び場ではありませんし、同僚とこころをひらける友人になれるとは限りません。しかし仕事上の関係だからこそ、相手を気遣う気持ちや相手にこころをひらく姿勢を持っていること、何より上機嫌な人柄を表明することが、すべての仕事を円滑にしてくれるはずです。

ぜひ周囲を巻き込んで、職場を上機嫌にしていきましょう。

会議で問われる「上機嫌」力

仕事上のコミュニケーションはいたるところで発生しますが、仕事の成果をもっとも左右するのは、やはり「会議」でしょう。「会議やミーティングが多いと、仕事の効率が下がる」と敬遠している人もいると思います。たしかに日本的な会議というのは、内々に根回しがされて決定していることについて、形式的にコンセンサスを得て上の顔を立てることが目的となっており、最後まで積極的な意見は出ずしゃべっているのは誰か一人だけというような非常に湿っぽいものになっていることが多いようです。

しかし私は、会議とはもっとクリエイティブなものだと思っています。過去に『会議革命』(PHP文庫)という本を出し訴えましたが、会議というのは単純にコンセンサスを得るためのものではなく、そこでかわされる会話によってお互いがインスパイアしあい、クリエイティブなアイデアを生み出すような、もっと能動的なものであるべきです。

先ほど会話力は三つに分類されるという話をしましたが、その第3段階にあたる「クリエイティブな会話力」を発揮する場ということですね。会議をそんなクリエイティブな場にするには、やはりからだとこころをほぐして上機嫌になることが肝要です。

「湿っぽい会議」をこの世からなくすため、講義でもセミナーでも、私は積極的に、会議をクリエイティブにするためのメソッドをお伝えしています。いくつかご紹介しましょう。

■話す「テンポ」を意識しよう

なぜ会議が湿っぽくなってしまうのか。大きな原因に「テンポが悪い」というのがあります。10人などの大人数で会議をしていると、威厳を出そうとしてか全員に聞こえるようになのか非常にゆっくり話してしまう人がいます。

話す速度というのは固有のもので人によって異なるでしょうが「流れの良い」空間にす

るには、心持ち速いスピードで会話が続くことが理想です。私もいつもかなりの早口で話すのですが、やはりテンポが速いほうが、ノッてくれる人が多いと感じます。子どもたちは意外とついてきてくれますし、高齢の方も「むしろ頭がしゃきっとした」と喜んでくれるのです。

リズムやテンポを良くすることは上機嫌の特効薬です。自分で「発言するときは１分まで」と心がけてもいいですが、チーム内で「必ず一人１回は発言する」と決めて「はい、次」「はい、次」とどんどん発言者を交代してもらうルールにするというのも、一案かもしれません。

拍手をするというのも、会議のテンポを良くする手段です。人の発言が終わったにもかかわらず誰も何も言わず、変な沈黙が残ってしまって場の空気が淀んだという経験、ありませんか？　そこで取り入れてほしいのが「全員で拍手」というルールです。これをやると発言ごとに区切りがついて、リズムとテンポが生まれます。

私の授業ではグループディスカッションなどをやってもらうときに、このルールを取り入れています。すると区切りをつけたぶんだけ勢いが出て、みんなだんだんとハイテンションになっていきます。一度した発言が「うまくいかなかったなあ」という人も、拍手があると気を取り直して発言してくれます。拍手を挟むことで「とにかく終わった」という達成感が得られ、「ふっきり」として機能するのです。

また講義をやっていても実感しますが、拍手やハイタッチを続けていると、人は自然と笑顔になってきます。からだが揺さぶられてほぐれるので、内側から上機嫌になっていくのです。もしできるなら、会議の前に体操をしてもらえると効果は絶大です。からだがほぐれると、思考もやわらかくなるのです。

■2～4人でブレストをしよう

さて、会議のテンポが悪くなる原因には、「会議の人数が多すぎる」ということもあります。5人以上の会議だと、各々が当事者意識を持てずに聞き手に回ってしまうことがあまりにも多い。真面目に聞いているそぶりだけ見せて上の空で夕飯のことでも考えている。そんな心当たりのある方も多いのではないでしょうか？

これを解決するために推奨したいのが「メンバーを2～4人ずつに分けてブレストをする」というアイデアです。私が講師をつとめるセミナーなどでは、2～4人組に課題を与えて時間制限をもうけてアイデアを出してもらい、しかも時間がきたらどんどん組み合わせを変えてまた同じことをやってもらう、ということをやっています。

２〜４人というのはコミュニケーションを密にできる人数です。このくらいのサイズのグループに分けられると、さすがにみんな必死に会話に取り組みます。一つのテーブルで誰かが発言するのを待つよりも、島をつくってアイデアを出してもらうほうが、「自分が発言しなくても誰かがしてくれるから……」という気持ちがなくなり、テンポとリズムが良くなります。

■リアクションは大げさに

拍手やブレストとも通じるのですが、実は会議で重要なのは「誰かが話すこと」よりも「誰かが話したことに反応を返すこと」です。どんなに仕事や勉強を頑張っても、そこにキャッチボールがないと人は上機嫌ではいられないと、本章の前半で話しました。別に仕事は「褒めてもらいたくてやる」ものではありませんが、人のやったことに対して「聞いているよ」という態度を伝えることは、まさに「オープンマインド・オープンバディ」に他なりません。

自分では相手の話を聞いて了解しているつもりでも、それが発言者に伝わらなければ意味がありません。ぜひ、「うんうん」「いいね！」「それは思いつかなかったな」など、伝わりやすい言葉でリアクションしていくことです。ＬＩＮＥで既読スルーされると不機嫌になる人が多いなんて話を第２章でしましたが、対面の場での「既読スルー」こそあってはならないことです。

人類ははるか昔から物々交換をして、文明を広げてきました。「贈与」と「返礼」が我々を繁栄させてくれたのです。情報を交換する場面——コミュニケーションにとっての「返礼」とは、リアクションです。リアクションが上手な人がいると会話が盛り上がりますし、そこにリズムが生まれますから、話す側もテンポ良く、さらに発言できるようになります。大きなリアクションをする人、他人のジョークをきちんと笑える人は、非常に重宝される存在なのです。

相手の言ったことそのものに感想を返すだけでなく、「質問をする」「自分の場合のエピソードを話す」というのも、会議をクリエイティブにするリアクションの手段です。

言うことがうまく思いつかない場合は「相手が言ったことのなかで印象的だった言葉を繰り返す」だけでも、場の空気は違ってきます。たとえば誰かのプレゼンが終わったあとに「今期の売上を伸ばすにはすでに取引のある企業との取り組みを強化するべきというお話、たしかにそうですよね」と、相手のプレゼンの内容を要約してみる。これも立派なリアクションです。

一つひとつの会議でこうしたふるまいができるように、普段から一人でも練習しておくといいでしょう。スマホで時間をはかれば、テンポとリズムを良くする訓練ができますし、会議外の雑談などでも拍手やリアクションを意識してみるのです。「会議ってつまらない」という方にこそ、こうした「会議改善案」が絶大な効果を発揮するはずです。

語彙力が助ける上機嫌

ここまで、こころとからだを上機嫌にし、あなたの社会人スキルを格段に底上げしてくれる上機嫌の作法を、たくさんお伝えしてきました。最後に、上機嫌を演出しながら知性をも醸し出してくれるとびきりのわざをお教えします。それが「上機嫌な語彙《ごい》力」です。

拙著『語彙力こそが教養である』（角川新書）では、「言葉は身の文《あや》」――「話す言葉はその人の人格や品位までも表す」ということわざを導入に、周囲から一目置かれる存在になるための語彙力の鍛え方をご紹介しました。

語彙力がある方は頭の良さだけでなく「上機嫌な人柄」をも演出することができます。

たとえば誰かに頼みにくい仕事をお願いしたいとき。

「この仕事、本当にギリギリでやばいんだけど、やってもらえない？」と言うよりも、「大変恥ずかしい話だが、9回裏ツーアウト満塁というような状況なんだ」と言うほうが、言われた側も「よし、引き受けてやるか」という気持ちになると思いませんか？

語彙力があると、リズムとおかしみのある言葉をセレクトすることで、ネガティブな話題でもなんだか上機嫌にやりとりすることができるのです。

また言葉の用法が誤っていると、意図していないのに相手をいらつかせてしまうということもあります。取引先の仕事に「上出来ですね」と言ってしまったり、失敗を謝るときに「この汚名、必ず挽回《ばんかい》させてください」と言ってしまったりという話はよく聞きます。自分の気持ちをきちんと伝えるためにも、語彙力は不可欠です。

おすすめしたいのは『三国志』や『論語』を読み、それら由来の四字熟語や慣用句をインプットすることです。そもそも現在私たちが使用している言葉には、かつて中国から輸入されたものが少なくありません。原典を読み、文脈とともにそれらの語彙を血肉にすることで知的で、上機嫌な人間に見られる可能性がグッと高まります。

「三顧の礼をつくして必ずや契約を取ってまいります」

「社運をかけたプロジェクトにアサインされるなんて、千載一遇の好機ですね」

これらは『三国志』『論語』由来のフレーズを使った言葉の例ですが、どことなくユーモアが生まれています。

そして、言葉のやりとりの際に心がけてほしいのが、どんなときにも「相手を褒める」「関連した話題を付け加える」ことです。

今はメール、つまりテキストコミュニケーションで物事が進む時代です。取引先や同僚とも直接顔をあわせずに仕事のやりとりができてしまうぶん、一つひとつの言葉の重さが実は大きくなっています。対面であれば「これやってくれない？」と一言言うだけでも、表情や身振りなどでカバーできるのですが、メールで「これをお願いします」と言うだけだと、ずいぶんそっけなく感じられるものです。

ある同僚のいないところでその人の話題が出たときに、「あの人のあの仕事ぶりは良かったね」と一言くわえる。

事務的な連絡で取引先にメールするときに「そういえば、先日貴社の新製品がニュースで取り上げられているのを拝見しました。さらに盛り上げるお手伝いができれば幸いです」と添える。

新しく紹介された顧客への連絡で「このたびは良いご縁をいただきました。〇〇様のお役に立てるよう額に汗して働きたいと思いますので、ぜひお気軽にご連絡ください」と丁重な挨拶《あいさつ》をする。

ほんのちょっとの「ひと手間」が、あなたを上機嫌で魅力的なビジネスパーソンに演出してくれるのです。

おわりに

ここまで全5章にわたり、現代日本にひそむ不機嫌の問題と、上機嫌を身につける作法についてお話ししてきました。いかがだったでしょうか？

「いつもやっていることが多かったかも」という方。あなたは十分上機嫌な人といえます。ぜひそのまま、おだやかな上機嫌を維持してください。

「自分がなんだかイライラしていた理由に気づけた」という方。気づいたことで、スタート地点に立つことができました。第4章でお伝えした「七つの習慣」から始めましょう。毎日コツコツ続けていると、上機嫌なこころとからだができあがっていきます。

かつて自身が教える明治大学の情報コミュニケーション学部で集中講義を行ったとき、私は最初に宣言しました。

「これから三日間の集中講義の目標は、『上機嫌のワザ化』です」

これを聞いた学生たちは、笑いました。「機嫌はテクニックで変えられる」という発想が彼らのなかになく、意味をはかりかねたのです。

しかしその後の講義のなかで彼らは上機嫌のコツをうまくつかみ、「オープンマインド・オープンバディ」を見事に習得し、自己を客観的に眺めて思い込みをふっきることのできる、素晴らしい「上機嫌マスター」となりました。その後もたくさんの講義やセミナーのなかで、私は数々の人たちに、上機嫌のワザを伝えてきました。

ここ数年は、アンガーマネジメント、マインドフルネスやコーチングといったビジネスメソッドの広がりとともに、心を平静に保つことの大切さが徐々に理解されつつあります。そんな今だからこそ、一人ひとりの機嫌は個人の問題ではなく、お互いに影響しあって、社会の行く末すらも左右する重大なテーマなのだということを、改めて伝えたい。そう思って企画したのが、この『不機嫌は罪である』です。

今この瞬間も、「不機嫌ウイルス」はいたるところで発生し、インターネットの影響力で拡散・増幅し、私たちの社会を持続的に蝕《むしば》んでいます。日本社会にはさまざまな問題が山積みになっていますが、それらの問題と「慢性的な不機嫌」は、お互いに深く結びついているようにすら思えます。

社会の停滞感を打ち破るような、ポジティブでクリエイティブな空気を広げるには、まず一人ひとりが「不機嫌ウイルス」について知り、感染を予防することが大切です。不機嫌をなおして上機嫌になることで初めて、人は視野を広げ、現状をふっきって、新しい現実をつくりだすことができるからです。

この本を読んだあなたは、今日から「上機嫌クラブ」の一員です。人生、いいこと続き、ラッキーなことしかないという人はいません。しかしいつも上機嫌を心がけているとどうでしょう。悩んでいたことの突破口が急に見えてきたり、思わぬところから仕事に役立つ提案が転がりこんできたり。「あれ、なんだか調子がいいな」ということが増えていきます。これはあなたの上機嫌が周囲をも巻き込んで「良い流れ」を生み出すがゆえです。いいこと続きというわけにはいかないからこそ、自分で「流れ」をつくりだしていきましょう。

いつかどこかで、上機嫌なあなたにお会いできるのを、楽しみにしています。

「先生のお話をうかがうといつも元気をもらえます」と言ってくださる御三方、田中裕子《たなかゆうこ》さん、平松梨沙《ひらまつりさ》さん、KADOKAWAの藏本淳《くらもとあつし》さんのお力添えで本書は生まれました。
ありがとうございました。

齋藤　孝（さいとう・たかし）
1960年静岡県生まれ。東京大学法学部卒業。同大大学院教育学研究科博士課程等を経て、現在明治大学文学部教授。専門は教育学、身体論、コミュニケーション論。著書に『語彙力こそが教養である』『文脈力こそが知性である』（以上、角川新書）、『だれでも書ける最高の読書感想文』『三色ボールペンで読む日本語』『呼吸入門』（以上、角川文庫）、『声に出して読みたい日本語』（草思社）『雑談力が上がる話し方』（ダイヤモンド社）など多数。

編集協力／平松梨沙、田中裕子

不《ふ》機《き》嫌《げん》は罪《つみ》である

齋藤《さいとう》　孝《たかし》

2018年 5 月 10 日　初版発行
2025年 7 月 5 日　17版発行

◆◇◇

発行者　山下直久
発　行　株式会社KADOKAWA
〒102-8177　東京都千代田区富士見 2-13-3
電話　0570-002-301（ナビダイヤル）
装 丁 者　緒方修一（ラーフイン・ワークショップ）
ロゴデザイン　good design company
オビデザイン　Zapp!　白金正之
印 刷 所　株式会社KADOKAWA
製 本 所　株式会社KADOKAWA

角川新書

ISBN978-4-04-082195-5 C0295